Monika Schiffer

KLEINE FLUCHTEN

Geheimtipps in Norddeutschland

Christians

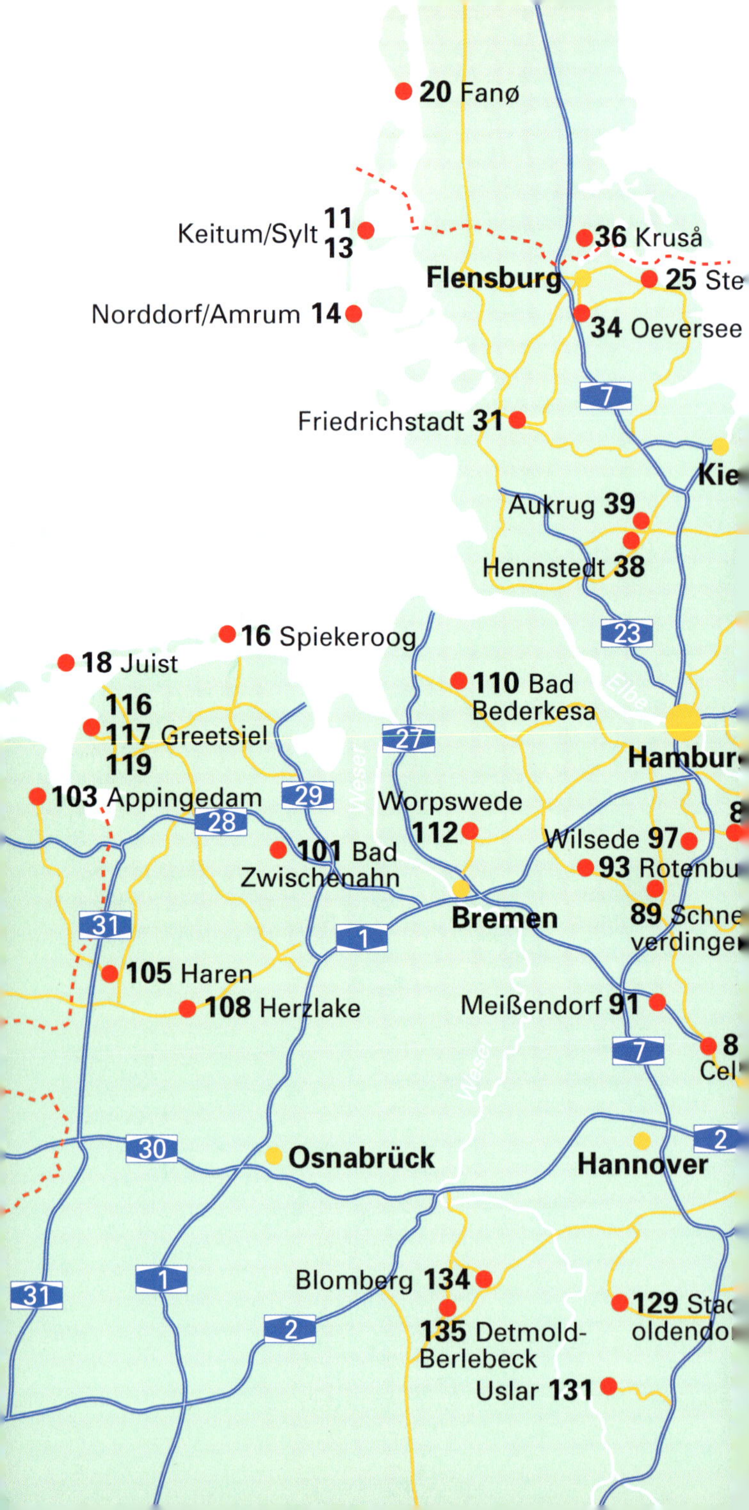

20 Fanø
Keitum/Sylt 11 13
36 Kruså
Flensburg
25 Ste
Norddorf/Amrum 14
34 Oeversee
7
Friedrichstadt 31
Kie
Aukrug 39
Hennstedt 38
23
16 Spiekeroog
18 Juist
Elbe
110 Bad Bederkesa
116
117 Greetsiel
119
27
Hambur
Weser
103 Appingedam
29
Worpswede
28
112
Wilsede 97
101 Bad Zwischenahn
93 Rotenbu
Bremen
89 Schne verdinge
31
1
105 Haren
108 Herzlake
Meißendorf 91
7
8 Cel
Weser
2
30
Osnabrück
Hannover
Blomberg 134
129 Sta oldendo
1
31
135 Detmold-Berlebeck
2
Uslar 131

Hinweis:
Den Tipp mit der **Nummer 11** finden
Sie auf **Seite 11**

→ INHALT

Einleitung		7
INSELGLÜCK IN DER NORDSEE		**8**
Garni Hotel Aarnhoog	(Keitum/Sylt)	11
Hotel Benen-Diken-Hof	(Keitum/Sylt)	13
Romantik Hotel Hüttmann	(Norddorf/Amrum)	14
Hotel Zur alten Inselkirche	(Spiekeroog)	16
Romantik-Hotel Achterdiek	(Juist)	18
Sønderho-Kro	(Fanø)	20
SCHLESWIG-HOLSTEIN, LAND ZWISCHEN ZWEI MEEREN		**22**
Landhaus Börmoos	(Steinbergkirche)	25
Hotel & Restaurant Genueser Schiff	(Hohwacht)	27
Strauers Hotel am See	(Bosau/Plöner See)	29
Willhöfts Holländische Stube	(Friedrichstadt)	31
Romantik Hotel Historischer Krug	(Oeversee)	34
Hotel Fakkelgaarden	(Kruså/DK)	36
Landhotel Seelust	(Hennstedt)	38
Hotel-Restaurant Hof Bucken	(Aukrug-Bucken)	39
DIE ALTEN OSTSEEBÄDER IN NEUEM GLANZ		**42**
Schloss Hotel Lütgenhof	(Dassow)	45
Antik Hotel Villa Patricia	(Kühlungsborn)	48
Romantik Hotel Namenlos & Fischerwiege	(Ahrenshoop)	50
Ringhotel „Speicher“ Barth	(Barth)	52
Hotel-Park Ambiance	(Sellin/Rügen)	54
Gutshaus Stolpe	(Stolpe)	57
Hotel Oasis	(Heringsdorf)	59
DIE OSTDEUTSCHE SEENPLATTE		**62**
Burg Schlitz	(Hohen Demzin)	65
Landhotel de Weimar	(Ludwigslust)	67
Ich weiß ein Haus am See…	(Krakow am See)	69
Romantik Hotel Borchard’s Rookhus	(Wesenberg)	71
Schloss Kittendorf	(Kittendorf)	73
Schloss Klink	(Klink)	75
Extra-Tipp: Kunst und Kultur in der Uckermark		77

Seehotel Huberhof	(Seehausen)	79
Parkhotel	(Prenzlau)	79
HEIDEROMANTIK ZWISCHEN WESER UND ELBE		**80**
Hof Rose	(Altenmedingen)	83
Romantik Hotel Josthof	(Salzhausen)	85
Fürstenhof	(Celle)	87
Hof Tütsberg	(Schneverdingen)	89
NABU - Naturhotel Gut Sunder	(Meißendorf)	91
Landhaus Wachtelhof	(Rotenburg)	93
Ferien- und Reit-Sport-Hotel Brunnenhof	(Suhlendorf)	95
Witthöfts Gästehaus	(Wilsede)	97
ZU WINDMÜHLEN, FISCHERDÖRFERN UND MOORBAUERN		**98**
Jagdhaus Eiden	(Bad Zwischenahn)	101
Landgoed Ekenstein	(Appingedam/NL)	103
Haus Landegge	(Haren/Ems)	105
Aselager Mühle	(Herzlake-Aselage)	108
Romantik Hotel Waldschlößchen Bösehof	(Bad Bederkesa)	110
Hotel Eichenhof	(Worpswede)	112
Extra-Tipp: Die Krummhörn und das Fischerdorf Greetsiel		115
Hotel Restaurant Witthus	(Greetsiel)	116
Hotel Hohes Haus	(Greetsiel)	117
Landhaus Steinfeld	(Greetsiel)	119
FACHWERKIDYLLEN ZWISCHEN HARZ UND TEUTOBURGER WALD		**120**
Das Brusttuch	(Goslar)	123
Hotel & Residenz Hohenzollern	(Braunlage)	125
Waldhotel Forsthaus	(Meisdorf)	127
Villa Mosler-Topas	(Stadtoldendorf)	129
Romantisches Hotel Menzhausen	(Uslar)	131
Romantik Hotel am Brühl	(Quedlinburg)	133
Burghotel Blomberg	(Blomberg)	134
Romantik Hotel Hirschsprung	(Detmold-Berlebeck)	135
REGISTER		**136**

→ EINLEITUNG

Kleine Fluchten, das sind schöne Romantikhotels und Landgasthöfe, in denen man für ein paar Tage dem Alltag entfliehen kann. Schnell erreichbar und trotzdem weit weg. In denen die hohe Kunst der Gastfreundschaft gepflegt wird, wo Service und Atmosphäre stimmen und der Küchenchef auch Feinschmecker zufriedenstellt. Zur „kleinen Flucht" gehört aber auch, dass das Umfeld stimmt. Was nützt das eleganteste Hotel, wenn es an einer Hauptverkehrsstraße liegt? Dieses Buch gibt Geheimtipps für rund 60 romantische Ziele zwischen Emden und Usedom, zwischen Flensburg und dem Harz. Es führt in stille Naturparadiese, lauschige Fischerdörfer und versteckte Forsthäuser zwischen Berg und Tal. Im Mittelpunkt steht die schöne Unterkunft. Dazu gibt es jeweils viele Anregungen, was man außerdem noch unternehmen kann – Kunst anschauen, in der Historie schnüffeln, per Rad oder Boot die Gegend erkunden, Golfen, Shoppen, Schlemmen. Das Ganze stets in unmittelbarer Umgebung des Hotels und ohne Aufwand erreichbar. Schließlich soll die kleine Flucht nicht in großen Stress ausarten.

Windzerzaust zwischen Wellen und Watt:

INSELGLÜ NORDSEE

→ „Nicht Glück oder Unglück, der Tiefgang des Lebens ist es, worauf es ankommt. An diesem erschütternden Meere habe ich tief gelebt, und was es aufregte, das wird, gebe es Gott, irgendwie einmal ehrenhaft fruchtbar werden." Thomas Mann empfand „eine Art von erfrischender Melancholie" bei der Sommerfrische auf Sylt. Die Eindrücke, die „der große weiche Wind", die „gewaltige Brandung" und das „Raubtiermäßige der Wellen" bei dem Schriftsteller hinterließen, fanden Eingang in zahlreiche seiner Werke.

Ein Wochenende auf einer Nordseeinsel kann einen ganzen Urlaub ersetzen. Nirgendwo sonst lässt sich so schnell so viel Kraft tanken, an keinem anderen Ort kann man so zuverlässig wieder zu sich selbst finden. Die Weite, die Wellen, das Meer

CK IN DER

schaffen Abstand zur Schwere des Alltags. Ein steter Wind bläst die Wolken vom Himmel und lässt die Sonne auch dann scheinen, wenn auf dem Festland alles im Grauschleier versinkt. Strand und Watt bieten reichlich Gelegenheit für erholsame Naturwanderungen. Surfer und Segler stellen sich den Herausforderungen der Brandung. Bei den westlichen Inseln sorgt der Golfstrom für angenehme Badetemperaturen. Und wenn mal „Schietwetter" aufzieht, ist das auch kein Problem, denn dann gibt's Grog mit Kluntjes in der Friesenstube.

11

GARNI HOTEL AARNHOOG auf Sylt

Anreise: A 7 HH–Flensburg,
Abfahrt Harrislee, B 199 nach Niebüll
zur Autoverladung nach Sylt.

11 Keitum/Sylt

Gaat 13; 25980 Sylt-Ost/Keitum
Telefon 04651/3 99-0
Fax 04651/3 99-10
www.aarnhoog.de
12 Suiten (3 Familiensuiten), 1 DZ; Bad, WC, Telefon, TV, Video; Preise je nach Saison; DZ € 155–210, EZ € 125–160, Suiten € 190–315; Wellnessbereich mit Pool, Sauna, Café-Bar, Tee- u. Kaffeestube, kein Restaurant

→ First-Class-Romantik unterm Reetdach, dort, wo Deutschland ganz oben ist. Das schnuckelige Garni Hotel Aarnhoog gehört zu den ersten Häusern der Republik. Gekonnt im englischen Landhausstil mit Antiquitäten eingerichtet, strahlt das Hotel Behaglichkeit und gediegenen Luxus aus. Es liegt ruhig und grün im alten Kapitänsdorf Keitum und verfügt über einen modernen Wellnessbereich mit Hallenbad und Sauna. Die verwinkelten Zimmer

→ Anschauen

Es wäre müßig, alle Erlebnismöglichkeiten von Sylt aufzuzählen. Vom steinzeitlichen Hünengrab bis zur Edelboutique, vom Endlosstrand bis zum spektakulären Kliff ist hier alles geboten. Ein paar Anregungen für Keitum: die romanische Kirche St. Severin mit wundervoll klingender Orgel und einem geschichtsträchtigen Friedhof, das „Altfriesische Haus" mit der großartigen heimatkundlichen Sammlung von Christian Peter Hansen und die „Kleine Teestube" zum Klönschnack mit Kuchen am Nachmittag. Tipp für die Anreise: Ein paar Kilometer nördlich von Niebüll und der Autoverladestation liegt Seebüll, wo sich das Emil Nolde-Museum befindet. Der Maler hat das eigenwillige Haus und den herrlichen Garten selbst aus einer alten Warft gestaltet. Das Museum birgt viele seiner schönsten Werke. Die Gemälde hängen zum Teil noch so, wie der Künstler sie arrangiert hatte.

→ Aktiv sein

Westerlands Küste gilt als deutscher Surf-Spot Nummer eins; weniger Verwegene lassen Drachen steigen. Wanderer haben die Auswahl zwischen Watt, Dünen und 40 Kilometer langem Brandungsstrand. Zwischen Kampen und Wenningstedt gibt es einen 18 Loch-Golfplatz.

und Apartments sind gemütlich mit Kachelöfen oder Kamin, Blümchentapeten und Holzbalken ausgestattet. Das Frühstück ist vom Feinsten. Das Haus hat kein Restaurant, was auf Sylt kein Drama ist, da sich die Gastronomie flächendeckend über die Insel verteilt.

Ein Klassiker in Keitum ist „Fisch-Fiete" im Weidemannweg, in Tinnum sollte man unbedingt den traditionellen Gasthof „Zur Eiche" aufsuchen – der Küche und dem wunderbaren Ambiente wegen (Tel. 04651/311 44). Besonders schön auf einem Hügel über der Munkmarscher Bucht gelegen: das „Moby Dick", wo Manfred und Verena Fitschen gehobene friesische Küche mit schwäbischem Akzent bieten (Tel. 04651/321 20).

Wer nicht mehr vor die Tür möchte: Die kleine Küchencrew des Aarnhoog bietet täglich ein wechselndes Drei-Gang-Menü.

Info über die Insel:
Sylt Marketing
Tel. 04651/820 20
www.sylt.de

13

BENEN-DIKEN-HOF auf Sylt

13 ● Keitum/Sylt

Anreise: A 7 HH–Flensburg,
Abfahrt Harrislee, B 199 nach Niebüll
zur Autoverladung nach Sylt.

Süderstraße 5; 25980 Keitum/Sylt
Telefon 04651/93 83-0
Fax 04651/93 83-183
www.benen-diken-hof.de
40 Zimmer, Bad, WC, Telefon, TV
DZ ab € 155,– inkl. Frühstück
Wellness-Areal mit Pool, Sauna, La Prairie
Beauty Studio und Massagebereich

→ Die Schafe vorm Haus halten den Rasen kurz, drinnen unter dem Reetdach schaffen erlesene Kunstwerke, wertvolle Antiquitäten und ein schnörkelloser Friesenstil ein elegantes Landhausambiente. Der Benen-Diken-Hof – zu deutsch: Hof innerhalb des Deiches – war einmal ein Bauernhaus. Heute gilt das intime Hotel als Insel auf der Insel. Abseits der touristischen Wege führt es ein beschauliches und dabei höchst luxuriöses Dasein. Die Zimmer sind großzügig und haben allen Komfort, das Restaurant (unbedingt vorher reservieren!) bringt regionale Spezialitäten mit großer Finesse auf den Tisch. Modern mit edlem Japan-Touch: das 1998 eröffnete Wellness-Center. Da braucht man eigentlich gar nicht vor die Tür zu gehen.

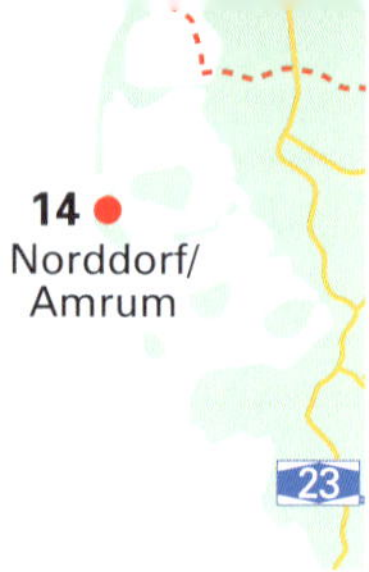

14 ROMANTIK HOTEL HÜTTMANN auf Amrum

Anreise: A 7 HH–Flensburg, Abfahrt Harrislee, B 199 über Leck nach Klixbüll, B 5 Richtung Husum, dann nach Dagebüll. Von dort geht die Fähre; im Sommer bis zu zehnmal täglich (Info-Tel. 01805/080 140).

Ual Saarepswai 2-6; 28946 Norddorf/Amrum
Telefon 04682/92 20
Fax 04682/92 21 13
www.hotel-huettmann.de
57 Zimmer, mit Bad/Dusche, WC, Telefon, TV
DZ ab € 100,– inkl. Frühstück; Fitness-Center, Sauna, Solarium, Wellnessbehandlungen

→ Wer nur die Faszination von Brandung und kilometerlangen Sandstränden sucht und auf Edelboutiquen, Nightlife und museal durchkomponierte Landhaus-Romantik verzichten kann, der ist auf Sylts Nachbarinsel Amrum gut aufgehoben. Unter Naturfreunden gilt die nordfriesische Insel sowieso als das schönste Eiland der Nordsee. Das Hotel Hüttmann ist die größte und älteste Herberge. 112 Jahre ist es her, da kaufte Heinrich Hütt-

mann das ehemalige Schulhaus und stellte ein paar Betten in die Klassenzimmer. Dann verschickte er Prospekte, in denen er für das „Erste Hotel am Platze“ warb. Es war natürlich das einzige auf der Insel.

Heute würden sich die Nachfahren von Heinrich Hüttmann hüten, ihre Gäste mit solch fadenscheiniger Promotion zu locken. Stattdessen setzt man auf modernen Komfort. 1998 wurde das Haus von Grund auf renoviert, das ehemalige „Logierhaus“ hat man abgerissen und durch ein neues ersetzt, der alte Trakt wurde restauriert. Die Zimmer sind geräumig und zweckmäßig, es stehen verschiedene Saunen, Erlebnisduschen, Einzel-Whirlpool, Solarium, Dampfbad und ein Fitness-Studio zur Verfügung.

→ Anschauen und aktiv sein

Hauptattraktionen von Amrum sind der 15 Kilometer lange und zum Teil 1500 Meter breite Kniepsand sowie die Dünenlandschaft. Absolutes Highlight: die Groß-Dün als höchster Sandberg der deutschen Nordseeküste mit dem 63 Meter hohen Leuchtturm. Hobby-Ornithologen können sich bei der zweistündigen Führung durch das Vogelschutzgebiet Odde vergnügen. Ein besonderes Erlebnis: die Wattwanderung von Amrum zur Nachbarinsel Föhr bei Ebbe – natürlich nur mit Führer! Man kann aber auch für eine Stippvisite mit der Fähre hinüberfahren.

Info über die Insel:
Amrum Touristik
Tel. 04682/940 30
www.amrum.de

16 HOTEL ZUR ALTEN INSELKIRCHE auf Spiekeroog

Anreise: mit der Fähre von Neuharlingersiel, Fahrzeit etwa eine Stunde; die Schiffe verkehren tideabhängig zweimal täglich (Info-Tel. 0 49 74/214). Nach Neuharlingersiel über A 29 Wilhelmshavener Kreuz, B 210 nach Wittmund, B 461 nach Carolinensiel, dann links nach Neuharlingersiel.

Noorderloog 4; 26474 Spiekeroog
Telefon 04976/91 05-0
Fax 04976/91 05-25
www.Spiekeroog-online.de/Hotel-zur-Alten-Inselkirche
15 Zimmer, mit Bad/Dusche, WC, Telefon
DZ ab € 85,– mit Frühstück

➔ Kein Flugplatz, kein Auto, kein Hochhaus – trotz Kurbetrieb hat sich Spiekeroog seinen stillen, romantischen Charakter bewahrt. Das Eiland ist im besten Sinne altmodisch geblieben. Seit kurzem verkehrt sogar wieder die Pferdebahn, die es schon mal letztes Jahrhundert gab und die den Inselbahnhof mit dem Weststrand verbindet. Spiekeroog hat zudem das Prädikat „grüne Insel", da sie im Gegensatz zu ihren ostfriesischen Schwestern mit einem beachtlichen Baumbestand aufwarten kann.

Im Dorfzentrum säumen Fischerhäuser mit Vorgärtchen, weiß gestrichenen Puzzlescheibenfenstern und Spitzenvorhängen schmale, schattige Alleen.

Hier liegt auch das Hotel „Zur alten Inselkirche“, ein echtes Kleinod mit nostalgischem Café und wunderschönem Bauerngarten, wo man sich windgeschützt zwischen Rosen und Hortensien der Muße hingeben kann. Die Zimmer sind individuell mit antiken Bauernmöbeln oder im Biedermeierstil eingerichtet.

Info über die Insel:
Kurverwaltung
Tel. 04976/919 31 01
www.spiekeroog.de

→ Anschauen und aktiv sein

Die historische Inselkirche, gleich gegenüber vom Hotel, ist mit ihren über 300 Jahren die älteste – und schönste – der Inseln. Der schlichte Holzturm versteckt sich in der Krone einer Linde, im Innern vermitteln bunte Bleiglasfenster, anrührende Apostelbilder und Segelschiffsmodelle an der Decke eine anheimelnde Atmosphäre. Das Inselmuseum am Norderpad dokumentiert die Geschichte des Eilandes, im Muschelmuseum im Haus des Gastes kann man sich über die kuriosen Schöpfungen des Meeres wundern.

Restaurant-Tipp: Das „Alte Inselhaus“, ein uriges Drifthus im Süderloog 4, ist nicht nur optisch ein Genuss. Im Garten sowie in den winzigen Gasträumen werden auch hervorragende Inselspezialitäten serviert.

18 ROMANTIK-HOTEL ACHTERDIEK auf Juist

Anreise: A 31 Richtung Emden, Ausfahrt Emden Nord, B 210 nach Norddeich zur Personenfähre, die tideabhängig verkehrt und ca. 1 1/2 Stunden bis Juist braucht (Info-Tel. 0 49 31/98 70).
Juist hat auch einen Flugplatz.

Wilhelmstr. 36; 26571 Juist
Telefon 04935/80 40
Fax 04935/17 54
www.hotel-achterdiek.de
49 Zimmer, mit Bad, WC, Telefon, TV
DZ ab €164,– inkl. Frühstück
Hallenbad, Sauna, Solarium, Wellness-Farm;
November bis Mitte Dezember geschlossen

➔ Juist ist die nobelste unter den ostfriesischen Inseln. Das gilt um so mehr, seit der Prachtbau des historischen Kurhauses restauriert wurde und seit 1997 schicke „Apartments der Extraklasse" anbietet. Verwunderlich ist es nicht, dass sich hier immer mehr Prominenz ihr Wochenenddomizil einrichtet. „Dat Töwerland", zu deutsch: das Zauberland, wie Juist um die Jahrhundertwende genannt wurde, ist eine Nordseeinsel, wie man sie sich wünscht: autofrei, ohne Hochhäuser und Massentourismus, mit romantischem Kuscheldorf und Pferdekutschen, grünen Salzwiesen und einem atemberaubenden 17 Kilometer langen Sandstrand. Das Hotel Achterdiek gilt als eine der komfortabelsten Herbergen im Norden, ein Haus von gediegener Eleganz.
Küchenchef Heinz Koßmann ist ein viel gelobter Virtuose, wenn es um die kochkünstlerische Verarbeitung von Deichlamm und Seezunge geht. Gäste des Hauses können

in Kursen von ihm lernen. Das „Achterdiek“ ist großzügig und geräumig, von vielen Zimmern hat man einen herrlichen Blick aufs Wattenmeer. Zum Badestrand sind es nur zwei Minuten, zum Dorfzentrum und zu den Tennisplätzen kaum mehr. An stürmischen Tagen kann man sich „indoor“ im Hallenbad mit Sauna, Solarium und Whirlpools vergnügen.

→ Anschauen und aktiv sein

Eine ganz untypische Inselwelt erlebt, wer von dem Örtchen Loog Bad Richtung Billriff wandert. Dort liegt das Naturschutzgebiet Bill mit dem Hammersee, einem immerhin 30 Hektar großen Binnengewässer. Der schilfumstandene Süßwassersee ist ein Dorado für Enten, Rohrdommeln und Haubentaucher. Schön ist auch das Küstenmuseum, wo häufig Sonderausstellungen von Juister Kunsthandwerkern gezeigt werden.

Info über die Insel:
Kurverwaltung Juist
Tel. 04935/80 90
www.juist.de

20

SØNDERHO-KRO auf Fanø

Anreise: Autobahn Flensburg–Åhus, Abfahrt Kolding Nord (64), Richtung Esbjerg, von dort mit der Fähre nach Fanø (Reservierung und Info unter Tel. 00 45/75 13 45 00), dann 13 km nach Sønderho.

Kropladsen 11; DK-6720 Fanø/Sønderho
Telefon 0045/75 16 40 09
Fax 0045/75 16 43 85
www.sonderhokro.dk
14 DZ, 1 EZ, Bad/WC, Telefon, TV
DZ € 127–174, EZ € 101–139 ohne Frühstück
Halbpensions-Angebot: € 107–134 p.P. im DZ inkl. 3-Gänge-Menü und Frühstück
Info für Hundebesitzer: Hunde erlaubt

→ Geduckt hinterm Deich an der Südspitze der jütländischen Nordseeinsel Fanø steht dieser hinreißende Kro. 275 Jahre alt ist der strohgedeckte Gasthof, und er hat trotz Anpassungen an die Jetztzeit nichts von seinem romantischen Charme eingebüßt. Balkendecken, rustikale Bretterböden und original holländische Kacheln an der Wand

schaffen Gemütlichkeit. Vorm Haus stehen weiße Bänke, bei gutem Wetter kann man von hier bis hinüber zum Dom von Ribe gucken. Das Haus steht unter Denkmalschutz und gehört zum exklusiven Gastronomieverband „Relais & Chateaux“.
Die Zimmer, benannt nach alten Segelschiffen wie der „Elisabetha“ oder der „Phønix“, sind individuell mit rustikaler Eleganz eingerichtet. Im Restaurant werden dänisch-französische Speisen serviert, man legt Wert auf ökologisch produzierte Qualität von der Insel. Brot und Kuchen werden selbst gebacken, und der geräucherte Nordseelachs kommt aus dem eigenen Steinofen.

Info über die Insel:
Fanø Tourismusbüro
Tel. 0045/75 16 26 00
www.fano.de

→ Anschauen

Sønderho ist ein entzückendes 400-Seelen-Dorf mit malerischen Kopfsteinpflastergassen und bunten, reetgedeckten Häuschen. Hühner gackern hinter weißen Lattenzäunen, weiß gerahmte Sprossenfenster bieten Einblick in hübsche Galerien, Geschäftchen und Teestuben. Das Kunstmuseum hat eine beachtliche Gemäldesammlung alter und neuer Meister. In Norby in der Hovedgaden gibt es eine bekannte Bernsteinschleiferei.
Tip für die Anreise: Nehmen Sie den Weg über Tønder, Dänemarks ältesten Ort – der Umweg lohnt sich.

→ Aktiv sein

Gleich vom Kro aus geht’s zu Wanderungen ins Watt, auf der anderen Seite der Insel erstreckt sich ein endlos breiter, langer Strand Richtung Norden – ein ideales Revier für Surfer. Bei Farmen in Sønderho kann man Pferde mieten, außerdem hat Fanø den einzigen Sealink-Golfplatz in einem Dünengebiet.

Segeln, Rad fahren, Deichlamm schlemmen:

SCHLESWIG-H
ZWISCHEN ZW

→ Wasser und Wald, weißer Strand und grüne Wiesen, stille Dörfer und gepflegte Hafenstädte – Schleswig-Holstein bietet enorm viel auf kleinstem Raum. Das macht die Region als Wochenendziel so attraktiv. Rechts und links schwappt das Meer an Deichwiesen, Sandstrände und Hochufer. Dazwischen gibt es viel Natur, viel Historie und viel Kunst, die man ganz unprätentiös auch mal unter freiem Himmel genießen kann. Wer aktiv sein will, findet reichlich Gelegenheit zum Wandern, Radeln, Paddeln, Segeln. Die Küste sowie die vielen Seen und Flussläufe sind ein Dorado für Wassersportler. An manchen Orten ballt sich das touristische Vergnügen. Doch schon ein paar Kilometer weiter sagen sich Fuchs und Hase gute Nacht. Zum nächsten Idyll ist es immer nur ein Katzen-

OLSTEIN, LAND EI MEEREN

sprung. Ländliche Verschlafenheit und kultivierter Lebensstil liegen dicht beeinander. Manchmal gehen sie in einem versteckten Landgasthof eine wunderbare Symbiose ein – kaum irgendwo in Deutschland wird regional so gut und so kreativ gekocht wie in Schleswig-Holstein. Das Niveau der meisten Hotels ist überdurchschnittlich, man hat sich auf die Ansprüche der Hamburger eingestellt, die hier schon lange ihre „kleinen Fluchten“ pflegen.

25 LANDHAUS BÖRMOOS
Steinbergkirche/Habernis

Anreise: A 7 HH–Flensburg, Abfahrt Tarp, über Sörup und Sterup bis Steinbergkirche, dann B 199 Richtung Norgaard Holz. Nach 3 km links nach Habernis.

Grüfft 9; 24972 Steinbergkirche/Habernis
Telefon 04632/76 21
Fax 04632/14 29
www.landhaus-boermoos.de
8 Apartments, mit Telefon, TV und Küche
Apartment € 75-95 für 2 Pers., Frühstück € 10,– p. Pers.
Sauna, Solarium, Kosmetik, Massagen, kein Restaurant

→ Rosen ranken über Backsteinfassaden, würdevoll promenieren Fasane zwischen Margeriten und Lavendelbüschen. Hund Lukas guckt zu. Im Haus sorgen Kacheln, Kamin und viele ungewöhnliche Antiquitäten für heimelige Atmosphäre. Urgemütliche Alkovenbetten laden zum frühen Rückzug mit Schmöker ein. Das geruhsame Wochenende ist garantiert. Wohnzeitschriften haben dieses beispielhaft restaurierte Reetdach-Idyll bereits mehrfach gewürdigt. Als Landgasthaus ist das historische Gehöft aber nur wenigen bekannt. Christiane und Reinhard Kranz haben den Bauernhof südlich von Glücksburg mit viel Liebe eingerichtet. Kein Kitsch, alles geschmackvoll bis ins Detail.

→ Anschauen

Die Ecke hat ein paar hübsche Schlösschen und Herrenhäuser zu bieten: das prächtige Gut Gelting (ca. 10 km), Gut Rundhof bei Stangheck (ca. 12 km) und natürlich Schloß Glücksburg (ca. 20 km), eine der schönsten Wasserburgen Deutschlands. Im Schloss ist u. a. eine Sammlung kostbarer Gobelins zu besichtigen. Ganz in der Nähe vom Landhaus: In Steinbergkirche gibt es eine Feldsteinkriche aus dem 15. Jh. mit einem kunstvoll geschnitzten Altar.

→ Aktiv sein

Am Strand entlang nach Wackerballig (ca. 8 km vom Landhaus Börmoos), wo im „Strandhuus" fangfrischer Ostseefisch mit Blick auf die Geltinger Bucht serviert wird. Ein unendliches Netz an Rad- und Wanderwegen führt durch Felder und Buchenwälder der leicht hügeligen Landschaft (Fahrradverleih im Landhaus). Eine besonders schöne Wanderroute geht um die Halbinsel Geltinger Birk zum Leuchtturm Falshöft. Segler können in Habernis Boote ausleihen.

Info über die Region:
Touristikinfo Steinbergkirche
Tel. 04632/84 91 40
www.steinbergkirche.de

Landhaus Börmoos liegt in einer der schönsten Regionen Schleswig-Holsteins. Nur 200 Meter sind es zur Ostsee, drumherum nichts als Wiesen, Wälder und eine herrliche Moorlandschaft. Das Grundstück selbst ist gut sieben Hektar groß mit Weiden und Teichen, lauschigen Sitzecken und einem wunderschönen Bauerngarten. Auch einen Tennisplatz gibt es und einen Reiterhof nebenan. Allerdings kein Restaurant.

Restaurant-Tipps: In Quern, nur wenige Kilometer westlich, erfreut Mathias Schütt seine Gäste mit getrüffeltem Wirsing, Querner Taube und anderen Delikatessen (Landhaus Schütt, Tel. 04632/84318). Etwa 30 Kilometer entfernt, aber den Ausflug allemal wert, ist der „Schlie-Krog" in Sieseby, einem entzückenden Bilderbuchdörfchen direkt am Ufer der Schlei.

Das Restaurant gilt als Gourmet-Mekka mit exquisitem Ambiente, bei Sonnenschein sitzt man draußen. Zum Haus gehören auch zwei Apartments; Reservierung im Restaurant ist angeraten (Telefon 04352/25 31).

27 HOTEL & RESTAURANT GENUESER SCHIFF

Hohwacht

Anreise: A 7 HH–Flensburg, A 215 nach Kiel, dann B 76 und 202 nach Lütjenburg, kurz nach Lütjenburg Richtung Hohwacht.

Seestraße 18; 24321 Hohwacht (Ostholstein)
Telefon 04381/75 33
Fax 04381/58 02
www.genueser-schiff.de
31 Zimmer, mit Bad/Dusche/WC
TV zum Ausleihen
DZ ab € 96,– inkl. Frühstück

„Dorthin will ich / und ich traue / mir fortan und meinem Griff. Offen liegt das Meer / ins Blaue / treibt mein Genueser Schiff."

➔ Wer am Morgen hinaustritt, die Nase im Wind und die Augen weit aufs Meer gerichtet, der versteht sofort, wieso die Besitzerin, Gabriele Gräfin von Waldersee, dieses Hotel einst nach dem Gedicht Friedrich Nietzsches benannte. Reetgedeckt liegt es da, breit wie ein gelandetes Schiff, unmittelbar am Strand der Ostsee. Es ist ein poetischer Ort, der Ruhe, Kraft und Selbstbewusstsein ausstrahlt, der Lungen und Geist weitet und ein bisschen verwegen macht, vor allem im Herbst, wenn das Haus der Brandung

➔ Anschauen

Nicht ohne Grund nennt sich die Region „Grafenwinkel": Es gibt prächtige Herrenhäuser hier, leider sind viele nur von außen zu besichtigen. Bei einer Radtour um den Großen Binnensee kann man z. B. einen Blick auf das spätklassizistische Gut Waterneverstorf und das schneeweiße Gut Panker mit seinem französisch anmutenden Barockgarten werfen. (Tipp: Gegenüber von Schloss Panker liegt die „Ole Liese", ein zauberhafter Traditionsgasthof, der sich zum Kuschelhotel mit Gourmet-Oase gemausert hat (Tel. 04381/ 906 90, www.ole-liese.de). Das monumentale Schloss Salzau westlich des Selenter Sees ist als öffentliches Kulturzentrum und Heimstatt des Schleswig-Holstein-Musik-Festivals für jedermann zugänglich. Ein hübscher Ort: das 800 Jahre alte Lütjenburg mit seinem alten Markt und den historischen Bürgerhäusern. Ebenfalls nicht weit: Eutin und Plön mit seinen Schlössern.

➔ Aktiv sein

Zwischen Meer und Großem Binnensee am Rande eines Landschaftsschutzgebietes gelegen, bietet das Hotel reichlich Gelegenheit zum Laufen in der Natur. Ganz in der Nähe des Hotels ist eine Segel- und Surfschule, ein 18-Loch-Golfplatz befindet sich 3 km entfernt.

trotzt, die keine zehn Schritte entfernt an den Ufern zerrt. Das „Genueser Schiff" ist ein besonderes Hotel. Seine Geschichte beginnt vor rund 50 Jahren, als die Gräfin einen Flakbunker erbte, der sich an dieser Stelle befand. Seitdem hat sich das Haus immer wieder den Bedürfnissen der Zeit angepasst, ohne dabei seine „alten Werte" aufzugeben.

Heute ist es ein gemütliches Gasthaus mit modernem Komfort, schönen antiken Möbeln und ein bisschen Kunst. Es wird vom Sohn der Gräfin, Philipp Brandt, geführt. Jedes Zimmer ist anders eingerichtet, statt Fernseher findet man Hemingway, Tolkien oder Jack London auf dem Nachttisch. Das Restaurant mit Blick in alle Himmelsrichtungen serviert erstrangige Kost, auf der Wiese vorm Haus stehen Strandkörbe, in denen man frühstücken, Sekt trinken und selbstgebackenen Kuchen essen kann.

Info über die Region: Touristik Information Hohwachter Bucht
Tel. 01805/90 55-0
www.hohwachterbucht.de

29 STRAUERS HOTEL AM SEE

Bosau

Anreise: A 7 HH–Flensburg, Abfahrt Neumünster, B 430 nach Plön, B 76 ca. 5 km Richtung Eutin, dann rechts nach Bosau.

Gerold Damm 2-6; 23715 Bosau am Plöner See
Telefon 04527/99 40
Fax 04527/99 41 11
www.strauer.de
35 Zimmer, 5 Suiten, mit Bad/Dusche, Telefon, TV, Balkon
DZ ab €102,– inkl. Frühstück
Hallenbad, Sauna, Solarium, Massagepraxis, Tennisplätze
Dezember bis Februar geschlossen

➔ Sonnenuntergang auf der Seeterrasse. Ein paar Segler schieben im Schneckentempo über das Wasser, Frösche quaken im Schilf. Auf dem kleinen Holzsteg haben es sich ein paar Enten gemütlich gemacht – still ruht der See. An lauen Sommerabenden entfaltet dieser Ort seine ganze Magie. Vor allem, wenn man dazu Lachs-Carpaccio mit einem schönen kühlen Chablis serviert bekommt. Strauers Hotel liegt in einer Bilderbuchlandschaft der Schleswig-

→ Anschauen

Bosau ist ein idyllisches Örtchen mit weißgetünchter Feldsteinkirche aus dem 12. Jahrhundert, in der auch Konzerte stattfinden; sehenswert sind u. a. Altar, Kanzel und Triumphkreuz aus dem 15. Jahrhundert. Plön, etwa 5 km entfernt, wird von seinem Renaissance-Schloss (s. Foto S. 24) dominiert, zu dessen Füßen sich die kleinen Gassen der Altstadt winden. Im Mai swingt ganz Plön bei den Jazztagen. Das klassizistisch geprägte Eutin galt um 1800 als „Weimar des Nordens", das zauberhafte mittelalterliche Wasserschloss wurde von Dichtern und Denkern als „Musenhof" gerühmt. Wunderbar für einen Sonntagsspaziergang: der Schlosspark im englischen Landschaftstil.

→ Aktiv sein

Holsteins größtes Binnengewässer ist ein Paradies für Wassersportler. Es gibt auch hoteleigene Liegeplätze für eigene Boote. Am Anleger vorm Haus halten die Ausflugsdampfer zur Fünf-Seen-Fahrt durch die Holsteinische Schweiz (ca. 2 Std., Mai bis Sept.). Zwei Golfplätze befinden sich in unmittelbarer Nähe; bis zur Ostsee sind es circa 30 Kilometer. Die Gegend ist ideal für Rad- und Wandertouren. Bei Uferwanderungen ein ornithologisches Bestimmungsbuch einpacken – hier sieht man viele seltene Vögel.

Holsteinischen Schweiz, auf einer Landzunge am Südostufer des Großen Plöner Sees. Morgens erfrischt man sich mit einem Sprung in den See, am Nachmittag lässt man sich auf der Hotelwiese die Sonne auf den Pelz scheinen. Die Zimmer des modernen Hotels geben sich elegant bis rustikal. Feinschmeckerniveau hat die Küche, in der Meister Frank Mittig das Regiment führt. Der Küchenchef bringt vor allem regionale Spezialitäten von leicht bis deftig auf den Tisch.

Info über die Region:
Tourist-Info Plön
Tel. 04522/50 95-0
www.touristinfo-ploen.de

31 WILLHÖFTS HOLLÄNDISCHE STUBE
Friedrichstadt

Anreise: A 7 HH–Flensburg, Abfahrt Rendsburg Büdelsdorf, Richtung Rendsburg, B 202 nach Friedrichstadt.

Am Mittelburgwall 22-26; 25840 Friedrichstadt
Telefon 04881/93 90 0
Fax 04881/93 90 22
www.hollaendischestube.de
9 Zimmer, Dusche/WC, Telefon, TV
DZ ab € 85.– inkl. Frühstück
mit Tennisplatz
Restaurant im Winter mo. und di. geschlossen

➔ Vorwärts in die Vergangenheit: Das 1621 von Holländern erbaute Friedrichstadt zelebriert Nostalgie pur. Niederländische Kaufmannshäuser reihen sich im Dutzend aneinander, ein Treppengiebel schöner als der andere. Boote gleiten auf weidengesäumte Grachten, über die kleine Steinbrücken führen. Überall rankt und blüht es, was das Zeug hält. Eines der schönsten alten Häuser steht am historischen Markplatz (s. Foto oben). König Louis

Philippe lebte einst hier. Gemälde und einzelne Möbelstücke zeugen noch von seinem einjährigen Aufenthalt. Heute beheimatet das Gebäude zusammen mit einem angrenzenden Jugendstiljuwel ein kleines Hotel mit exquisitem Restaurant – Klaus-Peter Willhöfts „Holländische Stube". Vom Tresen bis zu den knarzenden Dielen ist alles echt alt. Die Räume wurden originalgetreu restauriert und mit schönen Antiquitäten ausgestattet. Selbstredend, dass der Komfort mit Bad und TV absolut neuzeitlich ist. Die Küche – regionale Spezialitäten, kreativ zubereitet – verdient höchstes Lob. Das Gartencafé liegt an der Gracht mit Blick auf die Fassaden des Marktplatzes.

Info über die Region:
Nordseetourismus (NTS) Husum
Tel. 04841/897 50
www.nordseetourismus.de
und
Tourist Information Friedrichstadt
Tel. 04881/93 93-0

→ Anschauen

Staunen Sie über die Puppenstubenwelt von Friedrichstadt. Die Bootsfahrten sind zwar ein allseits beliebtes Vergnügen, man sollte es sich aber nicht entgehen lassen. Auch im benachbarten Husum geht es mitunter recht betriebsam zu, vor allem im Theodor-Storm-Haus, wo das Originalmobiliar des Dichter-Heims zu besichtigen ist. Eine interessante Alternative: das Nissenhaus in der Herzog-Adolf-Straße in Husum. Hier wird die Geschichte des nordfriesischen Deichbaus nachgezeichnet. Das Emil-Nolde-Museum im ehemaligen Wohnhaus des Malers (s. Foto) ist ein Muss für jeden Nordfriesland-Besucher. Es liegt etwa 50 km nördlich von Friedrichstadt in Seebüll.

→ Auch schön zum Wohnen

Die Arlau Schleuse (25856 Hattstedtermarsch, Tel. 04846/10 93, www.arlau-schleuse.de). Das Hotel ist zwar schlichter und rustikaler als die „Holländische Stube", dafür liegt es aber absolut ruhig im Watt. Das Haus hat 55 Zimmer. Autobahnabfahrt Schuby B 201 Richtung Husum.

→ Aktiv sein

Bis St. Peter Ording mit seinem 12 Kilometer langen und 500 Meter breiten Sandstrand ist es etwa halbe Stunde. Schön ist eine Fahrradtour durch die Dörfer der Eiderstedter Halbinsel. Die Treene bietet sich östlich von Friedrichstadt für Kanufahrten an.

ROMANTIK HOTEL HISTORISCHER KRUG

34

Oeversee

Anreise: A 7 Hamburg–Flensburg Abfahrt Tarp, 400 m Richtung Sörup, dann links B 76 Richtung Flensburg, nach 3 km auf der linken Seite.

Grazer Platz 1; 24988 Oeversee (bei Flensburg)
Telefon 04630/94 00
Fax 04630/780
www.historischer-krug.de
42 Zimmer, Bad/WC, Telefon, TV
DZ ab € 85,– inkl. Frühstück
Außenschwimmteich, Hallenbad, Sauna, Solarium, Ayurveda-Beautyfarm

→ Ein Schild am Eingang verkündet es mit Stolz: Dies ist ein „Kongelig privilegeret Kro", ein von den dänischen Königen privilegierter Krug, 1851 mit diesem Prädikat ausgezeichnet und der letzte seiner Art auf deutschem Boden. Seit 185 Jahren befindet sich der königliche Krug im Besitz der Familie Hansen-Mörck, und er macht seinem Namen alle Ehre. Das „Romantik Hotel Historischer Krug" ist eines der besten Gasthäuser des Nordens.

Während das Mobiliar der Tradition verhaftet bleibt, gibt sich das Hotelangebot zeitgemäß kreativ. Die Küche, in der Chef Bodo Lööck wirkt, hat für ihre einfallsreichen regionalen Kompositionen schon viel Lob eingeheimst. In der Galerie werden moderne Aquarelle und Lithographien angeboten. Eine moderne Ayurveda-Beautyfarm offeriert Wellness-Programme vom Feinsten: Schönheits- und Anti-Stress-Behandlungen, Schwimmbad, Kneippanlage, Whirlpool, Sauna, türkischer Hamam, Ruheraum und Liegewiese. Auch die indische Heilkunst Ayurveda mit ihren göttlichen Ölmassagen wird hier zelebriert.

Das Hotel bietet eine Reihe von Arrangements an, u.a. die 7 Tage-Ayurveda-Kur oder das Romantik-Weekend mit einer Übernachtung und einem 7-gängigen Feinschmeckermenü für zwei.

→ Anschauen

In Flensburg kann man nordisches Hafenstadtflair schnuppern. Schleswig, die älteste Stadt Norddeutschlands, ist ein Dorado für Kunst- und Kulturliebhaber. Da ist die ehemalige Residenz Schloss Gottorf, heute Landesmuseum mit beachtlichen Sammlungen von der Eisenzeit bis Gegenwart, außerdem die historische Fischersiedlung Holm sowie der St. Petri Dom mit dem von Brüggemann geschaffenen Bordesholmer Altar, dem Nonplusultra niederdeutscher Schnitzkunst.

→ Aktiv sein

Radeln durch Kuhweiden, Paddeln auf der Treene und alles, was sonst noch Spaß macht im Grünen.

Info über die Region:
Touristik-Verein
Schleswig-Flensburg
Tel. 04621/873 63
www.schleswig-flensburg.de

36

HOTEL FAKKELGAARDEN
Kruså/Kollund Dänemark

Anreise: A 7 HH–Flensburg über die Grenze, Abfahrt Kruså, durch Kruså hindurch, nach ca. 2 km rechts ab nach Kollund.

Fjordvejen 44; DK 6340 Kruså/Kollund
Telefon 0045/74 67 83 00
Fax 0045/74 67 83 63
www.fakkelgaarden.dk
26 Zimmer, Bad/WC, Fön, TV, Telefon, Terrasse
DZ ab 1269,– Kronen inkl. Frühstück
Sonderkonditionen am Wochenende

→ Mehr kann man sich kaum wünschen: freundlicher Service, elegantes Ambiente, ein kleines feines Hotel, in dessen „Cuisine“ ein französischer Sternekoch wirkt, das Ganze etwas abseits in einem Buchenhain plaziert mit feinsandiger Badebucht direkt vor der Tür. Das Hotel Fakkelgaarden in Südjütland ist ideal für ein Wochenende, an dem man sich mal richtig was Gutes tun will. Die Zimmer sind großzügig mit italienischen Möbeln bestückt, alle haben Blick aufs Wasser. Sensationell ist die Gastronomie, was sich schon beim Frühstück zeigt, das im verglasten Innenhof serviert wird – frisches Birchermüsli, hausgemachte Brötchen und Konfitüren, Wachteleier mit Speck.

Für die Küche verantwortlich ist der Elsässer Christian Bind, einer der besten Köche Dänemarks. Zu seinem Œuvre gehören Steinbutt im knusprigen Strudelteig, orientalisch zubereiteter Nordseehummer und karamellisierte Pfannkuchen mit Vanillenparfait. Sogar der Preis stimmt: Das Gourmet-Wochenende mit einer Übernachtung, Morgencomplet, Nachmittags-Kuchen und 4-Gänge-Menü lässt sich bereits ab etwa 180 Euro goutieren.

→ Anschauen

Im strahlend weißen Gråsten Slot ein paar Kilometer nordöstlich residiert im Sommer die dänische Königin. Ein Katzensprung ist es nach Als, der grünen Insel mit ihren Sandstränden, den Windmühlen und Hafenstädtchen.

→ Aktiv sein

Wandern, Rad fahren, Segeln, Surfen, Baden; auf dem privaten 18-Loch-Golfplatz Benniksgaard erhalten Hotelgäste 10% Rabatt auf das Greenfee.

Info über die Region:
Turistbureau Kruså
Tel. 0045/74 67 21 71
www.visitflensborgfjord.com

38

LANDHOTEL SEELUST
Hennstedt

Anreise: A 7 Hamburg–Flensburg, Abfahrt Bad Bramstedt, B 206 Richtung Itzehoe, hinter Kellinghusen rechts nach Hennstedt.

25581 Hennstedt
Telefon 04877/677
Fax 04877/766
www.seelust.de
13 Gästezimmer mit Du/WC
Alle DZ € 70,– mit Frühstücksbüfett
Sauna, Solarium, Hallenbad (auch FKK)
Restaurant Mitte Februar bis Mitte März geschlossen

→ Undine, blütenumrankt, ist das Wahrzeichen dieser lauschigen Herberge. Entsprechend verspielt gibt sich das Interieur: rosa Wände, Seidenblumen, Jugendstildekor. Dennoch: Am Kaminfeuer mit Blick auf Trauerweiden und Seerosenteich nimmt man gern die Porzellanentchen in Kauf, die putzig auf der Fensterbank defilieren. Die Atmosphäre ist freundlich-familiär, die Zimmer schlicht, aber hübsch. Im Restaurant werden traditionelle Spezialitäten von Buchweizenpfannkuchen bis Sauerfleisch aufgetragen.

39

HOTEL-RESTAURANT HOF BUCKEN

Aukrug

Anreise: A 7 Hamburg–Flensburg, Abfahrt Neumünster, B 430 über den Ort Aukrug, vor Bucken rechts der Landstraße

An der B 430; 24613 Aukrug-Bucken
Telefon 04873/90 11 12
Fax 04873/90 11 13
6 Zimmer, Bad od. Dusche/WC, Farb-TV
DZ ab € 69,– pro Nacht inkl. Frühstück

→ Der alte Gutshof liegt mitten im Wald und außerdem gleich gegenüber vom Boxberg, der mit 78 Metern Höhe geologischer Höhepunkt des Naturparks ist. Drinnen sieht es ein bisschen so aus wie in Mutters guter Stube: ordentlich geraffte Gardinen, Ölbilder und Spiegel in Goldrahmen an den Wänden. Die Gobelinpolster auf den Stühlen lassen selbst eingefleischte Puristen verstummen. Im Restaurant kommen deftige Wildspezialitäten und Aukruger Zuchtforelle auf die blütenweiße Damasttischdecke. Alle Zimmer wurden kürzlich komplett renoviert.

→ Anschauen

Kellinghusen am Südrand des Naturparks ist bekannt für seine Fayencen. Fünf Unternehmen führen diese traditionelle Keramikkunst fort. Die prächtigsten Stücke kann man im Ortsmuseum bewundern. Es stehen aber auch Werkstätten für Kauf und Besichtigung offen. Zurück ins 18. Jahrhundert heißt es im kleinen Heimatmuseum „Dat ole Hus" in Bünzen (s. Foto S. 40). Das ist zwar nur am Wochenende offen, dafür gibt's aber Kaffee und frische Waffeln. Ein echtes Kleinod mit großer Ausstrahlung ist der Skulpturenpark Nortorf, wo namhafte norddeutsche Bildhauer ihre Werke installiert haben. Ältere Damen führen hier ihre Dackel spazieren und wundern sich über die merkwürdigen Gebilde, die seit ein paar Jahren die dörfliche Rasenfläche zieren.

Info über die Region:
Fremdenverkehrsverein
Naturpark Aukrug
Tel. 04873/902 03
www.aukrug.de

→ Tipp: Naturpark Aukrug

Schmale Straßen führen durch Maisfelder und knallgelb blühenden Raps. Kaum ein Auto, das einem entgegenkommt. Stattdessen grasen Heidschnucken, Pferde und bunte Kühe auf saftig grünen Wiesen. Bächlein schlängeln sich durch Mischwälder, immer wieder blitzen Teiche und Seen durchs verwilderte Gebüsch. Fast zu schön, um wahr zu sein. Der Naturpark Aukrug ist noch ein echtes Idyll. Touristisch kaum erschlossen, gibt es hier vor allem eins: viel Landschaft! Hof Bucken vermittelt Kutschfahrten durch den Naturpark (Preise auf Anfrage).

→ Aktiv sein

Wanderwege ohne Ende, dazu ein 18-Loch-Golfplatz, jede Menge fischreicher Angelgewässer, Weiher zum Reinspringen und etwa 400 Kilometer schönste Wasserläufe für Paddler.

Seebrücken, Strandkörbe und Fußgängerzonen:

DIE ALTEN C
IN NEUEM C

→ Eine Region mit Ambitionen: An der 350 Kilometer langen Küste zwischen Trave und der polnischen Grenze kann man inzwischen mit allen Annehmlichkeiten eines Urlaubsgebietes rechnen. Kein Ort, an dem nicht Ferienhotels, Familienpensionen und Wellnessoasen ihre Dienste anbieten. Zum nächsten Golfplatz ist es nie weit. Hinter den Jugendstilfassaden der alten Strandpromenaden erstrecken sich Fußgängerzonen. Die alten Kaiserbäder erstrahlen im Neonlicht. Das klingt zum Glück schlimmer als es tatsächlich ist. So wild kann der Bauboom gar nicht wüten, um die seltene Schönheit von Land und Meer, die so viele Dichter besungen und Maler auf Leinwand gebannt haben, wirklich zu zerstören. Mecklenburg-Vorpommern ist noch immer das am wenig-

STSEEBÄDER
LANZ

sten zersiedelte deutsche Bundesland. Naturschutzgebiete und Naturparks bewahren die Region vor ökologischem Raubbau. Das gilt auch für die Küste, die dem Reisenden eine seltene Weite und viele liebenswerte Oasen bietet. Schöne Villen, die stilgerecht restauriert wurden. Charaktervolle Hotels, in denen die Marmelade nicht eingeschweißt auf den Tisch kommt. Ganz zu schweigen von den großartigen Steilufern und den herrlichen Stränden, an denen die Sonnenuntergänge so schön wie nirgendwo in Deutschland sind. (Über Hotels, Sehenswürdigkeiten und kulturelle Veranstaltungen in der gesamten Region informiert das Tourismuszentrum Mecklenburgische Ostseeküste in Kröpelin, Telefon 038292/86 13 od. www.all-in-all.com).

45 SCHLOSS HOTEL LÜTGENHOF

Dassow

Anreise: A 1 HH bis Lübeck,
weiter Richtung Skandinavienkai
Ausfahrt Skandinavienkai/Travemünde.
In Travemünde mit der Priwall-Fähre
übersetzen, dann nach Dassow.
Im Ort den Hinweisschildern folgen.

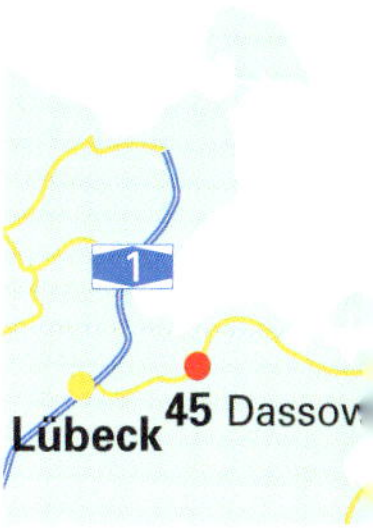

Ulmenweg 10; 23942 Dassow
Telefon 038826/825-0
Fax 038826/825-22
www.schloss-luetgenhof.de
23 Zimmer mit Bad/Dusche, Telefon, TV, Minibar
DZ ab € 155,– inkl. Frühstück

→ Ein Schlosshotel mit kurzer Verbindung zum Ostseestrand: Keine zehn Kilometer von der Lübecker Bucht entfernt steht es, umrahmt von einem kleinen Park, zwischen alten Kastanien, Apfelbäumen und meterhohem Schilf am Rande des mecklenburgischen Örtchens Dassow. Schloss Lütgenhof, im 19. Jahrhundert als klassizistisches Herrenhaus gebaut und zu DDR-Zeiten als Volksarmee-Kaserne missbraucht, wurde aufwändig restauriert und 1999 als Hotel eröffnet: Antike schwedische Kronleuchter kontrastieren zu modernem italienischen Design,

hohe weiße Fenster zu dunklem Parkett und schön aufgearbeiteten alten Eichentüren. Trotz Luxusanspruchs hat das Hotel eine eher junge, unkomplizierte Ausstrahlung. Das liegt an der Einrichtung, die den Antik-Look auch mal mit neobarocker Ironie zitiert, sicher aber auch am Personal, das Lachsnudeln und schlossgebackene Kuchen mit viel Freundlichkeit aufträgt.
Die Einrichtung der Gästezimmer – Stil moderne Sachlichkeit – wurde von den Deutschen Werkstätten maßgeschneidert. Im Restaurant gibt's leckere „Cross-Over"-Gerichte und neuerdings auch ayurvedische Kost. Am schönsten sitzt man auf der Terrasse über dem Ufer des Flüsschens Strepelitz. Das Auge gleitet wohlgefällig über das Naturschutzgebiet und den Dassower See. Auf einem Holzsteg sonnen sich Enten und Hotelgäste, mit etwas Glück lässt sich auch der Röhricht, Wappentier des Hotels, bei seinem Balzgesang belauschen. Zum Hotel gehört eine Beautyfarm mit Hallenschwimmbad.

→ Anschauen

Geschichtsinteressierte kommen im so genannten Klützer Winkel auf ihre Kosten. Zahlreiche Schlossanlagen warten auf ihre Besichtigung: Schloss Pötenitz nahe des kilometerlangen Naturstrandes von Rosenhagen bietet sich im Sommer zur kulturellen Erbauung mit anschließendem Wellenbad an. Gut Brook ist eine hübsche Dorfanlage mit Fachwerkbau und ökologischer Landwirtschaft. Besonders interessant ist das von Wassergraben und Barockgarten umgebene Schloss Bothmer in Klütz, wo von Juni bis September namhafte Solisten und Orchester zum Musiksommer aufspielen. Die Klützer Marienkirche aus dem 13. Jahrhundert gilt als eine der schönsten Landkirchen der Küste. Dassow selbst ist auf den ersten Blick recht unscheinbar, birgt als eine der frühesten Siedlungen Norddeutschlands jedoch seine Geheimnisse.

→ Aktiv sein

Dies ist eine Region für stille Aktivitäten. Die Natur blieb hier seit vielen Jahrzehnten fast unberührt. Wildgänse, Kormorane, Seeadler und rund 300 Entenarten sind im Naturschutzgebiet zu Hause. Fahrradtouren vom Schloss führen zu Steinzeitgräben, heidnischen Opfersteinen und uralten Burgwällen. Im Hotel ist man bei der Orientierung gerne behilflich.

→ Auch schön zum Wohnen

Das Bio- und Gesundheitshotel Gutshaus Stellshagen (Lindenstr. 1, 23948 Stellshagen, T. 038825/44-0, www.gutshaus-stellshagen.de), etwa 10 Kilometer hinter der Küste von Boltenhagen. Hier lebt man ganz entspannt im Hier und Jetzt. Das Anwesen wurde nach baubiologischen Gesichtspunkten renoviert, Natürlichkeit und warme Farben bestimmen das Bild. Die Küche ist anspruchsvoll vegetarisch. Im Wellnessbereich wird man ganzheitlich mit Massagen, Akupunktur und Shiatsu behandelt. Außerdem bietet das Hotel Workshops vom Aquarellmalen bis zur Traumdeutung an. Die 10 Zimmer sind einfach, nur einige haben Dusche.

Info zur Region:
Tourismuszentrum Mecklenburgische Ostseeküste
Tel. 038292/86 13
www.all-in-all.com

48

ANTIK HOTEL VILLA PATRICIA
Kühlungsborn

Anreise: A 19 nach Rostock, Abfahrt Rostock-Ost, B 105 Richtung Wismar, bei Kröpelin rechts nach Kühlungsborn.

Ostseeallee 2; 18225 Kühlungsborn
Telefon 038293/85 40
Fax 038293/85 485
www.hotel-villa-patricia.de
27 Zimmer, mit Dusche/WC, Telefon
DZ ab € 66,– Suite ab €75,– inkl. Frühstück

→ Zugegeben: Es gibt luxuriösere Hotels im größten Ostseebad Mecklenburgs. Die Villa Patricia überzeugt eher mit Charme und Charakter. Das in typischer 20er Jahre-Bäderarchitektur gebaute Haus steht unter Denkmalschutz und wurde 1995 als Antik-Hotel wiedereröffnet. Die Räume heißen Gutshaus-, Morgenstrahl- oder Abendrotzimmer und sind individuell und gemütlich eingerichtet. Antiquitäten und Jugendstilmalereien prägen das Ambiente. Der Speisesaal überrascht mit einer in Trompe-l'œil-Technik realisierten Wandmalerei. Im Frühstücksraum mit Zimmerpalme, der sich etwas verwegen „Palmensaal" nennt, steht ein Blüthner-Flügel, auf dem Gäste für Gäste spielen dürfen. Exklusiv ist die Lage, direkt an der dreieinhalb Kilometer langen Strandpromenade, gleich hinter dem Haus beginnt der Wald. Im Garten mit Springbrunnen und Wasserbecken kann man windgeschützt die Sonne genießen.

Info über die Region:
Kurverwaltung Kühlungsborn
Telefon 038293/84 90
www.kuehlungsborn.de

→ Anschauen

Schmauchend und fauchend fährt die 100 Jahre alte Schmalspurbahn „Molli" durch Wald und Wiesen von Kühlungsborn nach Bad Doberan. Dort kann man eines der bedeutendsten Baudenkmäler deutscher Backsteingotik, das Bad Doberaner Münster, besichtigen. Der vergoldete Hochaltar des ehemaligen Zisterzienserklosters stammt von 1310, als einmalig gelten der Flügelaltar mit 15 Meter hohem Kreuz, die gotischen Schnitzarbeiten am Chorgestühl und die farbenprächtigen Glasfenster.

→ Aktiv sein

Baden, Segeln, Surfen und Strandwandern. Boote gibt's im Wassersport Center, beim Reiterhof Fulgen kann man Pferde leihen. In Wittenbeck befindet sich ein Golfplatz.

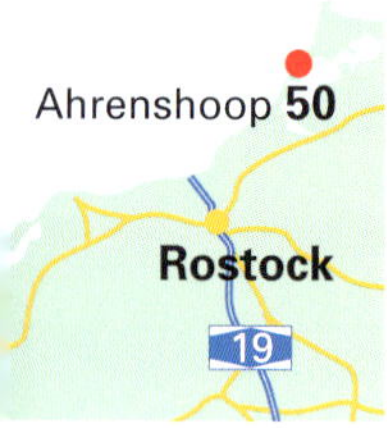

50

ROMANTIK HOTEL NAMENLOS & FISCHERWIEGE
Ahrenshoop

Anreise: A 19 nach Rostock, Abfahrt Rostock-Nord, B 109 Richtung Strahlsund, Ribnitz links nach Ahrenshoop.

Am Schifferberg; 18347 Ahrenshoop
Telefon 038220/606-0
Fax 038220/606-301
www.hotel-namenlos.de
35 Zimmer, Bad/WC, TV, Telefon
DZ im Haus „Fischerwiege" ab € 90,– pro Tag (Winter) inkl. Frühstück, Sauna, Hallenbad
DZ im Haus „Bergfalke" ab € 65,– pro Tag (Winter) inkl. Frühstück; Sauna, Solarium

➔ Auf der höchsten Düne des Darß, 120 Meter zum Ostseestrand, liegt die rohrgedeckte „Fischerwiege", ein neues und komfortables Haus im typischen Fischland-Stil. Der Hausherr sammelt Kunst – wie es sich für einen passionierten Ahrenshooper gehört. Immerhin war das kleine

Seebad zwischen Meer und Bodden um die Jahrhundertwende als Künstlerkolonie berühmt. Und so hat man das Vergnügen, sich beim Frühstück von den Werken alter und neuer Meister der Region inspirieren zu lassen. Es ist ein durchweg angenehmes Hotel mit schönen gemütlichen Zimmern und Suiten. Im Garten kann man auf der Liegewiese oder im Strandkorb verweilen, bei weniger gutem Wetter bieten sich Sauna, Hallenbad und Beautysalon an. Die „Fischerwiege" gehört zum Stammhaus „Café Namenlos", einem fast schon legendären Restaurant, das es bereits seit 1912 gibt. Köstliche Cocktails, gutes Essen, am besten schmeckt's auf der Terrasse mit Blick aufs Meer.

Info über die Region:
Kurverwaltung Ahrenshoop
Tel. 038220/234
www.ostseebad-ahrenshoop.de

→ Anschauen und aktiv sein

In den rohrgedeckten Kunsthäusern von Ahrenshoop gibt es immer interessante Ausstellungen zu besichtigen. Einige Werkstätten bieten schöne Kunstkeramik zum Kauf an. Auch anschauen: die alte Kirche von Ahrenshoop mit wunderbaren Holzbildhauerarbeiten. Eine Naturattraktion sind die Kremserfahrten durch den Darßer Wald von Prerow zum Leuchtturm Darßer Ort (Info: Alfred Kayserling, Tel. 0171/528 67 44).
Man kann die Strecke auch zu Fuß zurücklegen (1½ Stunden) und sich im Museumscafé des Leuchtturms für den Rückweg stärken.
Ein echtes Erlebnis: Spaziergänge zum Sonnenuntergang an den Steilufern von Wustrow, Ahrenshoop oder Prerow. Auf jeden Fall sollte man den Kirchturm in Wustrow besteigen, von der Plattform eröffnet sich ein traumhafter Rundblick über Bodden, Meer und Weststrand bis nach Hiddensee.
Am besten erkundet man die Region mit dem Fahrrad (Verleih im Hotel).

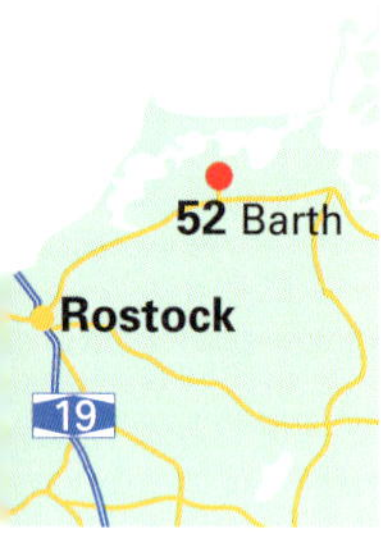

RINGHOTEL „SPEICHER“ BARTH
Barth

Anreise: A 19 nach Rostock, Abfahrt Rostock-Nord, B 109 Richtung Stralsund, Löbnitz links nach Barth.

Am Osthafen 2; 18356 Barth
Telefon 038231/633 00
Fax 038231/634 00
www.Speicher-Barth.de
44 Apartments und Suiten
Bad/WC, TV, Telefon, Pantry
DZ ab € 150,– inkl. Frühstück

→ Ein unkonventionelles Domizil für maritime Romantiker: Ein ehemaliger Getreidespeicher am Hafen wurde zum Hotel umgebaut – großzügig, anspruchsvoll und mit viel Bewusstsein für gutes Design. Jedes Zimmer ist eine Überraschung für sich, mit eigenwilligem Grundriss, modernen Möbelstücken, alten Holzwänden. Die Suiten sind bis zu 120 Quadratmeter groß. Durch die großen Fenstertüren blickt man aufs Wasser. Einige Räume haben Sauna und Whirlpool. Am schönsten sind

die lichtdurchfluteten Suiten auf dem Dach mit verglastem Wintergarten.

Dazu gibt es ein nobles Restaurant, in dem neben Red Snapper, Hirschnüsschen und ordinärem Rumpsteak auch Donald Duck-Schmausespaß für Kinder angeboten werden.

Info über die Region:
Barth-Information
Tel. 038231/24 64
www.stadt-barth.de

→ **Anschauen und aktiv sein**

Barth liegt sozusagen am Eingang zu Deutschlands drittgrößtem Nationalpark, der Vorpommerschen Boddenlandschaft mit den aneinandergewachsenen Halbinseln Darß und Zingst. Vom Hafen aus starten Fähren nach Zingst sowie zur Insel Hiddensee. Hotelgäste können kostenlos mitfahren.

54

HOTEL-PARK AMBIANCE
Sellin auf Rügen

Anreise: A 19 nach Rostock, Abfahrt Rostock Nord, B 105 nach Stralsund, B 96 über den Rügendamm nach Bergen, dann B 196 nach Sellin

Wilhelmstr. 34; 18586 Sellin
Telefon 038303/122-0
Fax 038303/122-122
www.hotel-ambiance.de
55 Zimmer mit Dusche/Bad, Fön, Bademäntel, TV/Radio, Telefon, Minbar, Safe, Balkon/Loggia
DZ ab € 130,– inkl. Frühstück

→ Strahlend weiße Fassaden bezaubern mit stilisierten Akanthusblättern, farbiges Ornamentglas kontrastiert zu orientalisch anmutenden Vorbauten, auf einem skandinavischen Blockhaus halten gekreuzte Mittgattschlangen das Böse in Schach. Der Hotel-Park Ambiance besteht aus fünf denkmalgeschützten Villen, jede für sich ein wunderschönes Beispiel wilhelminischer Bäderarchitektur. Prächtige Baumriesen werfen ihre Schatten auf Parkflächen, filigrane Holzbalkone vermitteln nostalgischen Charme. Drinnen sorgen hochwertige Materialien, warme sommerliche Farben und liebevoll arrangierte Dekors für Behaglichkeit im klassisch-modernen Stil. Familie Vogt, in deren Besitz sich der Gebäudekomplex seit Mitte der 90er Jahre befindet, hat die Häuser mit viel Engagement und Herzblut restauriert und eingerichtet.

Die Atmosphäre ist freundlich, aber nicht zu familiär. Am Marmorkamin in der Lounge sitzt man entspannt und gemütlich. Die individuellen Gästezimmer haben hohes Niveau und echtes Wohlfühlambiente. Die einzelnen Häuser sind durch unterirdische Gänge miteinander verbunden.

Zum Hotel gehört ein Wellnessbereich, der auf drei Etagen körperliche Ertüchtigung und Entspannung vom Feinsten bietet: Lagunenbad, Felsengrotte, Sonnenterrasse, Beauty- und Massagebereich. Zur kulinarischen Erbauung stehen drei Restaurants zur Verfügung, in denen Küchenchef Stefan von Heine nach eigener – durchaus realistischer – Einschätzung das „Beste von Rügen" serviert: mediterran beeinflusste Regionalküche im Restaurant „Ambiance", internationale „Weltenküche" im „Clou", französisch inspirierte Landhausküche im Wintergarten des „Le Jardin".

Info über die Region:
Touristik-Service Rügen
Tel. 03831/285 70
www.insel-ruegen.com

→ Anschauen und aktiv sein

Das Hotel liegt nur wenige Minuten vom herrlichen Sandstrand und der beeindruckenden Selliner Seebrücke (Foto S. 55) entfernt. Für Ausflüge zu weiteren insularen Sehenswürdigkeiten bietet sich der Rasende Roland an, der seine Gäste in gemäßigtem Tempo durch Wiesen, Felder und Wälder transportiert. Mit der historischen Kleinbahn kann man u. a. das prächtige Jagdschloss Granitz unweit von Sellin ansteuern, aber auch den Nationalpark Stubbenkammer auf der Halbinsel Jasmund.

Herrliche Wanderwege führen die Kreideküste (Foto links) entlang zum Königsstuhl, dem bekanntesten Felsen dieser von Dichtern und Malern, in Sagen und Märchen beschriebenen Gegend. Ein weiteres Ziel des Rasenden Roland ist Putbus. Das klassizistische Ensemble und die Parkanlagen hat man aufwändig in Schuss gebracht, im 1821 gegründeten Theater finden wieder Konzerte und Aufführungen statt.

57 GUTSHAUS STOLPE

Stolpe

Anreise: A 19 Richtung Rostock, Abfahrt Güstrow, B 104 Richtung Neubrandenburg, in Reuterstadt Stavenhagen links auf die B 194 bis Demmin, dann rechts die B 110 Richtung Anklam, kurz vor Anklam links nach Stolpe

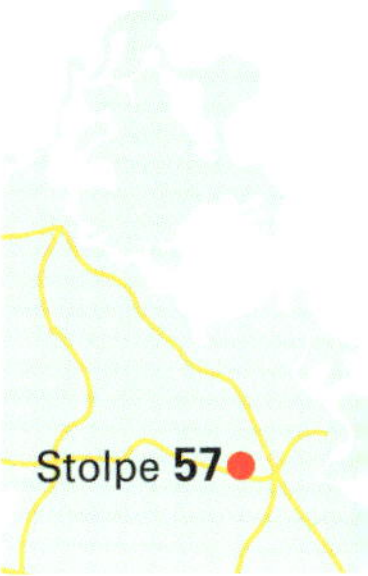

Dorfstraße 37; 17391 Stolpe bei Anklam
Telefon 039721/550-0
Fax 039721/550-99
www.Gutshaus-Stolpe.de
33 Zimmer, davon 6 Suiten, mit Bad/Dusche, Telefon, TV, Minibar; DZ ab € 130,– inkl. Frühstück
Sauna, Solarium, Fitnessraum, Massagen auf Anfrage

→ Mächtige Bäume, uraltes Kopfsteinpflaster, die melancholische Moorlandschaft des Peener Haffs – die Zeit steht still, und das Leben wird zum ruhigen, langsamen Fluss. Stolpe ist eine Art Insel der Seeligen. Vor einer abbruchreifen Kate gackern die Hühner, ein Holzkahn kriecht über die Peene. Wo sonst nur Kormorane, Rohrdommel und Biber zu Hause sind, sitzen ein paar Angler im Schilf. Das Gutshaus selbst lockt verheißungsvoll mit strahlend gelber Fassade und Säuleneingang. Die aus Berlin und Hamburg angereisten Großstädter kommen hier nicht nur in den Genuss von stilvollem Ambiente und einer ausge-

→ **Anschauen und aktiv sein**

Stolpe liegt mitten im Naturschutzgebiet Peeneniederung. Der Wanderweg durchs Schilf kann morastig sein, festes Schuhwerk ist deshalb angeraten. Falls es richtig frostig wird: Schlittschuhe einpacken! Dann kann man auf der gefrorenen Peene bis Anklam laufen. Bis zu den „Kaiserbädern" von Usedom ist es etwa eine halbe Stunde.

Besonders sehenswert: die historische Seebrücke von Ahlbeck. Zwei Tennisplätze liegen hinterm Haus. Beim Hotel kann man Fahrräder und Ruderboote ausleihen. Pferdeboxen gibt es inklusive Stroh und Heu. Wer angeln oder auf die Jagd gehen möchte, sollte bei der Rezeption nachfragen. Ein Golfplatz liegt 30 Kilometer entfernt.

Info über die Region:
Anklam-Information
Tel. 03971/21 05 41
www.vorpommern.de

zeichneten Küche. Das charmante Landhotel schickt seine Gäste auch auf eine Zeitreise in die Vergangenheit.

Das 1996 eröffnete Hotel liegt in einer weiten Parklandschaft. Kurt und Jutta Stürken, Nachfahren der ehemaligen Besitzer, hatten das Gut in einem maroden Zustand gekauft. Heute ist das denkmalgeschützte Anwesen ein Musterbeispiel für sorgsame Restaurierung. Das Hauptgebäude wurde neu aufgebaut. In der Remise, wo früher Ferkel und Kuh untergebracht waren, vermitteln Terrakottaböden und rustikale Antiquitäten ländlich-mediterranes Flair. Das Haupthaus bietet die entspannte Eleganz eines aristokratischen Landguts. Glänzende Kommoden, schöne alte Gemälde, Messingleuchten – alles ist stilsicher arrangiert. Stoffe und Lampen stammen aus Frankreich, der Kamin aus Italien, ein großer Teil der Möbel wurde aus England und Schweden importiert. In den Gästezimmern lassen warme Farben – granatrot, sonnengelb – Wohlgefühl aufkommen. Küche und Weinkeller tun ihr übriges.

59 HOTEL OASIS auf Usedom

Anreise: A 19 nach Rostock, Abfahrt Rostock Nord, B 105 über Stralsund nach Greifswald, B 111 nach Wolgast, von wo eine Brücke nach Usedom führt; oder weiter bis Anklam und dann Richtung Usedom zum östlichen Teil der Insel. Anfahrt zum Hotel über die Puschkinstr. 10

Strandpromenade, 17424 Seebad Heringsdorf
Telefon 038378/26 50
Fax 038378/26 599
www.hotel-oasis.de
15 Zimmer im Haupthaus, 5 Zimmer im Jagdschlösschen, alle mit Bad/Dusche/WC, Telefon, TV
DZ je nach Ausstattung € 61–199 inkl. Frühstück
Whirlpool, Sauna, Dampfbad, Solarium, Massagen
Haustiere nicht erwünscht

→ Zartrosa, Zartblau, blendendes Weiß. Sauber restauriert reihen sich die Kleinode der Bäderarchitektur die Strandpromenade entlang. Möwen lachen, und die frisch gestrichenen Seebrücken leuchten im Sonnenlicht. Die ehemaligen Kaiserbäder haben sich herausgeputzt, Usedom kann sich wieder sehen lassen. Heringsdorf gehört

→ Anschauen

Einst Insel der Musen, ist Usedom reich an Kunst und Kultur. Es gibt eine Unzahl Museen, von den vielen hübschen Heimatstuben über das Muschelmuseum in Heringsdorf bis zum Museum von Wolgast, wo u.a. einige Werke von Philipp Otto Runge, Sohn der Stadt, zu sehen sind. Originell und interessant: die alte Holländermühle mit ehemaligem Atelier des Landschaftsmalers Otto Niemeyer-Holstein in Koserow. Hier sind sogar ein paar Zeichnungen von Lyonel Feininger ausgestellt. Einen Überblick über die Museen bietet ein "Kleines Inselhandbuch" (erhältlich beim Tourismusverband).

zu den ältesten Seebädern auf Deutschlands zweitgrößter Insel. Seinen Namen verdankt es dem Kronprinzen und späteren König Friedrich Wilhelm IV. Aufgefordert, dem Fischerdorf einen Namen zu geben, kam ihm zwischen Heringsfässern die zündende Idee. Mittlerweile werden hier nur noch wenige Fische gefangen. Heringsdorf steht ganz im Zeichen des Fremdenverkehrs. Ein Hotel wird nach dem anderen eröffnet, bunte Strandkörbe zieren den weißen Sand. Ballermann-Verhältnisse braucht man trotzdem nicht zu fürchten – dafür ist Usedoms Strand mit einer Länge von 38 Kilometern viel zu weitläufig. Außerdem stehen 80 Prozent der Insel unter Naturschutz. Das zwingt zu einem behutsamen Tourismus.

Das Hotel Oasis, direkt an der Strandpromenade gelegen, ist eine noble Jugendstilvilla mit schönem Garten, Liegewiese und Sonnenterrasse.

Die Zimmer geben sich elegant, viele haben einen Erker oder Balkon mit wunderbarer Aussicht auf Strand und Meer. Eindrucksvoll die Eingangshalle mit original Jugendstilornamenten an Treppe, Türbögen und Holzvertäfelung. Hier empfangen Ulrike und Wolfgang Maihöfer ihre Gäste und sorgen dafür, dass man sich in diesem „kleinen Schloss am Meer" sofort zu Hause fühlt. Das hoteleigene Restaurant „Kräuterstuben" gilt mit seiner gehobenen Küche unter Gourmets als Geheimtipp. Kleine Leckereien werden im Bistro und Café „Maikäfer", serviert.

→ Aktiv sein

Neben einem Traumstrand hat Usedom auch ein herrliches Hinterland mit malerischen Alleen, Mischwäldern und vielen kleinen Seen zu bieten. Am Balmer See gibt es einen 18-Loch-Golfplatz (mit elegantem „Golf- und Landhotel Balmer See", Telefon 038379/28-0, www.golfhotel-usedom.de).

Info über die Region:
Tourismusverband Usedom
Tel. 038375/234 10
www.usedom.de

Zuflucht für Künstler, Fischadler und Freizeitfürsten:

DIE OSTD
SEENPLAT

→ Eine beschauliche Gegend, in der die Zeit ein bisschen stehengeblieben ist: Das nordostdeutsche Hinterland ist noch eine Welt für sich. Zwar gibt es auch hier touristische Zentren. Wer jedoch von den Hauptstraßen abweicht und zu Fuß oder mit dem Fahrrad unterwegs ist, kommt aus dem Staunen nicht mehr heraus: verschwiegene Naturoasen, in denen noch Orchideen blühen und Seeadler brüten, verwilderte Wasserläufe, vergessene Bauernhöfe und Katen. Einige Dörfer wirken mitunter etwas trostlos, aber die Landschaft ist zauberhaft. Wundervolle Alleen führen durch sanft geschwungene Felder und Wiesen, vorbei an unzähligen Wasserläufen und Seen, welche die Gletscher der Eiszeit hinterlassen haben. Ein Paradies für Naturfreunde. Typisch für die Region sind die

EUTSCHE
TE

zahlreichen Schlösser und Herrensitze, viele von grandiosen Parklandschaften umgeben. Zu DDR-Zeiten verfielen sie, jetzt erleben einige ein Revival als Schlosshotel. Mit viel Atmosphäre und freundlichem Service möchte man hier an die Tradition kultivierter Gastfreundschaft anknüpfen.

65 BURG SCHLITZ Hohen Demzin

Anreise: A 19 Berlin-Rostock, Abfahrt Malchow Richtung Malchin/ Teterow, in Ziddorf links auf die B 108 Richtung Teterow, nach ca. 4 km erreicht man Burg Schlitz

17166 Hohen Demzin bei Teterow
Telefon 03996/127 00
Fax 03996/127 070
www.burg-schlitz.de
6 Suiten, 14 Zimmer mit Bad/Dusche, Telefon, TV, Minibar, Safe, Fön. Spa mit Hallenbad, Saunen, Solarium, Fitness, Health- und Beauty-Behandlungen
DZ ab € 210,– inkl. Frühstück

➔ *„Wer auf die Welt kommt, baut ein Haus; er geht und lässt es einem Zweiten; der wieder wird es anders zubereiten."* Kein Geringerer als Johann Wolfgang von Goethe reimte diese Zeilen in die Schlosschronik. Wie viele Kulturschaffende seiner Zeit war der Dichter Gast im Hause von Hans Graf von Schlitz, einem aristokratischen Schöngeist, der mit seiner Burg der Nachwelt eine der bedeutendsten klassizistischen Anlagen in Deutschland vermachte.
Die Anfang des 19. Jahrhunderts von einem Schinkel-Schüler entworfene Residenz ist heute mit nur 20 exquisiten Gästezimmern das Highlight unter den ostdeutschen Schlosshotels. Strahlend weiß thront es auf einer bewal-

→ Anschauen

Warum in die Ferne schweifen ... Der Schlosspark mit seinen Grotten und Obelisken, den lauschigen Plätzen und Teichen ist auf jeden Fall einen Erkundungsgang wert. Besonders sehenswert ist der Nymphenbrunnen, ein von Walter Schott gestaltetes Jugendstiljuwel, dessen Pendant im Central Park in New York steht. Wer ein bisschen mehr von Meck-Pomm erleben will: Nicht weit entfernt sind die historischen Orte Teterow, Güstrow und Malchin.

→ Aktiv sein

Zum Hotel gehört ein feines Spa mit Hallenbad und Beautyfarm. Ein schlosseigenes Gestüt mit Reitschule steht zur Verfügung, in unmittelbarer Nähe liegen zwei Golfplätze. Der etwa 10 Kilometer entfernte Malchiner See bietet allerlei Wassersportmöglichkeiten.

Info über die Region:
Tourismusverband Mecklenburg-Vorpommern:
Telefon 0381/40 30 500
www.auf-nach-mv.de

deten Anhöhe. Bei der Restaurierung hat man weder Mühen noch Kosten gescheut. Wertvolle Wandmalereien wurden erneuert, Stuckdecken vergoldet, das mit Intarsien verzierte Parkett aufgearbeitet. Der Rittersaal ist prunkvoller Mittelpunkt und dient als Restaurant mit Sterneambitionen. Die zurückhaltende, aber edle Einrichtung der Gästezimmer wurde von den Deutschen Werkstätten Hellerau im Biedermeierstil entworfen und gefertigt.

Das zur Relais & Chateaux-Gruppe gehörende Haus liegt in einem wundervollen Landschaftspark. Ganz im Geiste seiner Zeit hatte der Schlossherr eine Symbiose von Architektur, Kunst und Natur im Sinn, als er das achtzig Hektar große Areal anlegen und mit 36 Steinsetzungen und Denkmalen bestücken ließ. Der Spaziergänger sollte nicht einfach nur Fauna und Flora genießen, sondern Stimmungswelten durchschreiten. Heutige Schlossgäste können diese einzigartige Atmosphäre beim romantischen Champagner-Picknick am See genießen.

67 LANDHOTEL DE WEIMAR
Ludwigslust

Anreise: A 24 Berlin–Hamburg,
Abfahrt Ludwigslust,
B 106 nach Ludwigslust.

Schloßstraße 15; 19288 Ludwigslust
Telefon 03874/418-0
Fax 03874/418-190
www.landhotel-de-weimar.de
51 Gästezimmer und Suiten mit Bad/Dusche, WC, Telefon, TV
DZ ab € 76,– EZ ab 59,– inkl. Frühstück

→ Herzog Friedrich hatte ein „mecklenburgisches Versailles" im Sinn, als er hier im 18. Jahrhundert seine Residenz bauen ließ. Die finanziellen Möglichkeiten erlaubten ihm zwar nur eine Sparversion des französischen Vorbildes. Trotzdem gedieh Ludwigslust zu einem schmucken Residenzörtchen, das heute als eines der wertvollsten Stadtanlagen Deutschlands gilt. Das imposante Schloss aus dem Spätbarock wurde inzwischen weitgehend restauriert. Spiegel und Kristalllüster lassen den berühmten „Goldenen Saal“ wieder in höfischem Glanz erstrahlen, das historische Interieur vermittelt einen Eindruck vom herzoglichen Leben im 18. Jahrhundert. Der prächtige, u.a. von Lenné gestaltete Park ist mit seinen betagten Bäumen, den Wasserspielen und dem klassizistischen Louisen-Mausoleum einer der schönsten im Lande.

Nach dem Rundgang im Café des Schlosses einkehren: Von der Sonnenterrasse hat man einen wundervollen Ausblick über das Landschaftskunstwerk.

Das schmucke Hotel de Weimar liegt nur wenige Schritte entfernt an der ehrwürdigen Schlossstraße, die in eindrucksvoller Breite mit Straßencafés und Geschäften die Stadt durchzieht.

Das Hotel verdankt seinen etwas prätentiösen Namen der Gattin eines mecklenburgischen Großherzogs namens Caroline Louise von Sachsen-Weimar. Der historische Teil aus dem 18. Jahrhundert wurde durch moderne An- und Umbauten komplettiert, alle Räume im Frühjahr 2002 völlig renoviert. Im feinen Restaurant „Ambiente“ wird unter einem Glasdach formvollendet gespeist, die rustikale Kutscherstube bietet bürgerliche Kost aus Mecklenburg.

Ein komfortables Haus mit viel gelobter Küche, ideal für ein Wochenende mit Schlossbesichtigung und abendlichem Schlemmermahl.

Info über den Ort:
Ludwigslust Tourismusverband
Tel. 03874/66 69 22
www.mecklenburg-schwerin.de

69 ICH WEISS EIN HAUS AM SEE...

Krakow

Anreise: A 19 Berlin–Rostock,
Abfahrt Krakow/Teterow, Landstraße
Richtung Krakow, am Campingplatz
links 2 km durch den Wald.

Altes Forsthaus 2; 18292 Krakow am See
Telefon 038457/2 32 73
Fax 038457/2 32 74
www.hausamsee.de
10 Zimmer, mit Bad, WC, Telefon
DZ à € 110,– oder 130,– inkl. Frühstück
1 Strandhäuschen (direkt am Ufer des Krakower Sees auf dem Hotelgrundstück) für 2 Pers. € 150,– inkl. Frühstück (Mindestaufenthalt 3 Tage)

→ Ein echtes Hideaway, das neben einer traumschönen Lage auch noch Gastronomie der Spitzenklasse bietet. Michael Laumen holte mit seiner regional orientierten Gourmetküche den ersten Michelinstern nach Mecklenburg-Vorpommern. In dem liebevoll mit Kunstgegenständen, Antiquitäten und Gemälden ausgestatteten Pavillonrestaurant kommen zum Beispiel Fische aus dem See, mit Krebsschwänzen gefüllte Forellenroulade und

➔ Aktiv sein

Wildromantisch wandern durchs Tal der Nebel, einem echten Gebirgsbach, nach Kuchelmiß, wo es eine alte Mühle mit Mühlenmuseum gibt und das Restaurant „Zum Fischer“, dessen Spezialität fangfrische Forelle aus dem Fluss ist. Den Tagesausflug wert: die 20 Kilometer lange Wanderung durch das Vogelparadies des Naturschutzgebietes Krakower Obersee. Segeln, Surfen, Boot fahren kann man in Krakow. Attraktion des Luftkurortes ist die Badeanstalt und das denkmalgeschützte, reetgedeckte Fischerhaus.

Info über die Region:
Krakow-Touristinformation
Tel. 038457/222 58
www.krakow-am-see.de

exquisite Wildgerichte auf den Tisch. Die Weinkarte soll die umfangreichste des Landes sein. Wie der poetische Name bereits andeutet, liegt das verträumte Haus direkt am Krakower See, versteckt hinter meterhohem Schilf, mit eigenem Badestrand, herrlicher Liegewiese und zwei Bootsanlegern. Die geräumigen Zimmer sind komfortabel im Landhausstil eingerichtet und haben fast alle eine Loggia mit Blick aufs Wasser.

➔ Anschauen

Der Dichter Fritz Reuter siedelte am Krakower See das Paradies an – steigen Sie auf den Aussichtsturm vom Jörnberg und überzeugen Sie sich selbst. Für Kunstfreunde ist die nahe gelegene Ernst Barlach-Stadt Güstrow ein Muss. Im Atelier am Heidberg erhält man einen Überblick über das Schaffen des Künstlers, in der Gertrudenkapelle sind viele seiner Bildhauerarbeiten zu sehen. Eine seiner ergreifendsten Plastiken, die „Schwebende“, hängt im Dom von Güstrow.

71 ROMANTIK HOTEL BORCHARD'S ROOKHUS
Wesenberg

Anreise: A 19 Richtung Rostock, Abfahrt Röbel, über die B 198 nach Wesenberg, links abbiegen, durch den Ort hindurch, weiter auf Ausschilderungen achten

Am Großen Labussee; 17255 Wesenberg
Telefon 039832/50-0
Fax 039832/510 00
www.rookhus.de
38 Zimmer, 7 Suiten, Dusche/Bad, TV, Radio, Telefon, Minibar, Fön
DZ ab € 110,– inkl. Frühstück

➔ Nichts als Ruhe und Natur. Borchard's Rookhus, direkt am Großen Labussee mitten im Nationalpark Müritz gelegen, ist ein echtes Hideaway für Einsamkeitssucher. Zu DDR-Zeiten war das Haus eine Jugendherberge. Seine Metamorphose zum Romantikhotel verdankt es Familie Borchard, die es nach der Wende gekauft, renoviert und ausgebaut hat. Die gemütliche Lobby empfängt mit englischen Stilmöbeln, alten Gemälden, einem Schachspiel auf dem Tisch. Den Sherry nimmt man am hübschen kleinen Marmorkamin ein, bevor es weiter ins Restaurant „Fürst Nikolaus I." geht, wo in elegantem Ambiente die

Geschmacksnerven mit heimischen Spezialitäten stimuliert werden. Küchenchef Thomas Giesel kann sich so manche Auszeichnung an die Kochmütze heften. Ein ganz besonderes „Schmankerl" bietet das Rookhus-Team mit seiner Dinner-Floßfahrt. Während das urige Holzgefährt über den Labussee dem Sonnenuntergang entgegen gleitet, werden auf weißen Tischdecken heimische Spezialitäten serviert. Romantischer geht's nicht. (Unbedingt vorbestellen, da nur acht Leute auf dem Floß Platz haben!) Borchard's Rookhus ist ein unprätentiöses Landhotel, das mit stiller Erlebnisqualität überzeugt. Der blühende Innenhof, die ungewöhnliche Blockhaussauna, ein Nachmittag im Strandkorb am See – das kleine Glück liegt gleich vor der Tür. Die Gästezimmer sind in warmen Farben mal im italienischen, mal im englischen Landhausstil eingerichtet. Alle haben Balkon oder Terrasse. Man öffnet die Tür und steht im Wald. Ein paar Schritte den Hügel hinunter erfreut der See mit Badequalität.

→ Anschauen und aktiv sein

Im Rookhus können Ruderboote, Kanus und Fahrräder ausgeliehen werden, auch der Picknickkorb wird vom Hotel gepackt. Bei Bedarf werden geführte Wanderungen und Kanutouren durch den Nationalpark organisiert; im Winter bei zugefrorenem See Schlittschuhlaufen und Curling. 20 Minuten durch den Wald liegt die zum Hotel gehörende Villa Kunterbunt mit Hallenbad, Massagepraxis und Biergarten.

Info über die Region:
Fremdenverkehrsverband
Mecklenburgische Seenplatte
in Röbel
Telefon 039931/53 80
www.all-in-all.com

73

SCHLOSS KITTENDORF
Kittendorf

Anreise: A 19 Berlin–Rostock, Abfahrt Waren, B 192 über Waren, hinter Schloen links B 194 Richtung Stavenhagen.

17153 Kittendorf
Telefon 039955/500
Fax 039955/501 40
31 Zimmer, mit Bad/Dusche, WC, Fön, TV, Telefon
DZ ab € 85,– (Oktober–April) inkl. Frühstück
Wochenend-Specials

→ Die Hollywood-Variante unter den mecklenburgischen Herrenhäusern: herrschaftlich mit Zinnen und Türmchen, wurde Schloss Kittendorf Mitte des 19. Jahrhunderts von einem Schüler des großen Bauherrn Schinkel im englischen Tudor-Stil entworfen. Großzügige Terrassen und Treppen leiten über in den atemberaubenden, von Lenné gestalteten Landschaftspark. Auch Kittendorf war viele Jahre eine Ruine. Seinen jetzigen Zustand verdankt es

→ Anschauen

In unmittelbarer Nachbarschaft des Schlosses befindet sich der Mittenhof, ein außergewöhnliches Zentrum für Kunst und Kulinarisches. Barbara Schmidt, Malerin und Köchin, betreibt hier sowohl ihr Atelier als auch ein wunderbares Café-Restaurant. Desweiteren hat sie auf dem Hof ein beachtliches Museum für Moderne Kunst mit ständigen und wechselnden Ausstellungen etabliert. Stavenhagen, Geburtsstadt des mecklenburgischen Nationaldichters Fritz Reuter, ehrt seinen berühmten Sohn u.a. mit einem Literaturmuseum. Ivenack, ein paar Kilometer nordöstlich, ist bekannt durch seine tausendjährigen Eichen, die ältesten Europas. Sie stehen in einem Wildgehege.

Info über die Region:
Tourismusbüro Mecklenburgische Schweiz in Malchin
Telefon 03994/29 97 80
www.mecklenburgische-schweiz.com

Johann Trettler, der sich in Literatur und Archivmaterial versenkte, um dem Haus innen wie außen seine ursprüngliche Schönheit zurück zu geben. Herausgekommen ist die perfekte Inszenierung aristokratischen Lebensstils – große helle Räume, Kristallkronleuchter, Louis-Quinze-Sessel, goldgerahmte Gemälde. Das Highlight ist ein weißer Barockflügel. Zum Hotel gehören ein hervorragendes Restaurant, ein Weinkeller, eine Orangerie mit Terrasse und eine Bibliothek. Das Haus wurde 1998 vom Gault Millau als bestes Hotel der Region ausgezeichnet.

→ Aktiv sein

Zur Großseenlandschaft und zum Müritz Nationalpark sind es nur wenige Kilometer. Schönes Ausflugsziel ist auch der Kummerower See mit Möglichkeit zum Baden und Paddeln sowie das beschauliche Örtchen Kummerow.

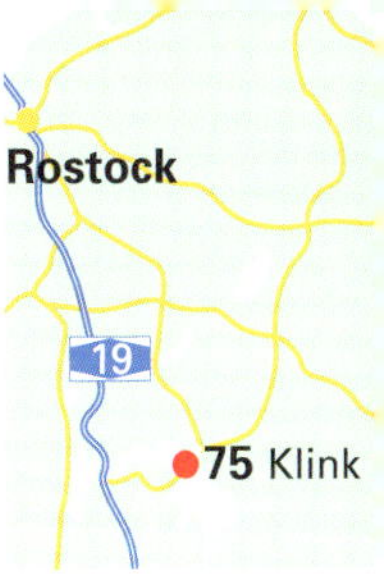

75 SCHLOSS KLINK
Klink

Anreise: A 19 Berlin–Rostock,
Ausfahrt Waren, B 192 bis Klink.

Schloßstraße 6; 17192 Klink
Telefon 03991/747-0
Fax 03991/747-299
www.schlosshotel-klink.de
30 Zimmer im Schloss, 78 Zimmer in der Orangerie
mit Bad/Dusche, WC, Telefon TV
DZ (Landseite) € 95-125; DZ (Seeseite) € 105-140
inkl. Frühstücksbüfett und Benutzung des Wellnessbereichs;
Hallenbad, Sauna, Fitness-Center, Tennis, Marina

→ Da wird der Gast zum König! Erhaben auf der Terrasse sitzend, schweift der Blick über den Park hinunter zum See, wo Segelschiffe, Ausflugsdampfer und Tretboote ihre Runden drehen. Der Ober serviert einen gut gekühlten Prosecco. Schloss Klink bietet seinen Gästen einen Logenplatz an Deutschlands zweitgrößtem Binnengewässer, der Müritz. Der Schriftsteller Arthur Schnitzler ließ sich das imposante Gebäude vor 100 Jahren im Stil der Loire-Schlösser bauen – mit Türmchen, Kapelle und allem drum und dran. Als die jetzigen Besitzer, Familie Wallosche, das Schloss 1996 erwarben, war es in einem erbärmlichen

→ Anschauen

Malchow, 15 Kilometer von Klink entfernt, gilt nicht umsonst als Perle der Mecklenburgischen Seen. Im Norden der Fleesensee, westlich der Plauer See und mittendrin der Malchower See, liegt der alte Kern des Ortes auf einer Insel, die über eine Drehbrücke zu erreichen ist. Ludolf im Süden ist nicht nur wegen seines bizarren achteckigen Backsteinkirchleins aus dem 14. Jahrhundert einen Besuch wert. Wenn man von hier zum See wandert, vorbei an dem schönen Herrenhaus, wird man auch mit einem besonderen Blick auf Müritz und Nationalpark belohnt. Waren im Osten hat mit dem Müritz-Museum das größte Kaltwasseraquarium Deutschlands, in dem sich Fische der Mecklenburgischen Seen tummeln.

→ Aktiv sein

Natürlich kann man auch das Hallenbad benutzen, schöner aber ist Baden am hoteleigenen Sandstrand hinter dem Haus. Die Marina Schloss Klink verfügt über 52 Liegeplätze (Bootsverleih beim Hafenmeister), am Anlieger starten auch die Ausflugsboote zu ihren Müritzrundfahrten. Die Touren werden vom Hotel organisiert. Angelscheine gibt's bei der Gemeindeverwaltung Klink. Auf der anderen Seite des Sees liegt der Nationalpark Müritz.

Zustand. Seit Sommer 1998 kann sich Klink wieder sehen lassen. Das Schloss wurde renoviert und beherbergt heute ein angenehmes Hotel, das viel Komfort zu moderaten Preisen bietet.

Bei allem Luxus geht es nicht steif und dünkelhaft zu. Mit großem Fitness- und Wellnessbereich, Tennisplätzen und Bootshafen will das Haus Gäste ansprechen, die sich ungezwungen erholen möchten. Drei Restaurants stehen zur Auswahl: Im „Garten Eden" werden Gourmets vor Spiegeln und unter Kristallleuchtern mit gehobener deutsch-internationaler Frischküche verköstigt. Im rustikalen „Ritter-Artus-Keller" stehen gutbürgerliche Spezialitäten, z. B. Zander und Barsch aus der Müritz, auf der Speisekarte. In der „Orangerie" wird der Gaumen mediterran verwöhnt.

Die Zimmer haben zum großen Teil Blick auf den See.

Info über die Region:
Fremdenverkehrsverband Mecklenburgische Seenplatte in Röbel
Telefon 039931/53 80
www.all-in-all.com

→ EXTRA-TIPP:

KUNST UND KULTUR IN DER UCKERMARK

Anreise: A 11 Berlin Richtung polnische Grenze, Abfahrten Joachimsthal, Pfingstberg, Warnitz oder Prenzlau.

→ Sanfte Moränenkuppen, tiefe Rinnenseen, weite Sümpfe, in denen seltene Vertreter von Fauna und Flora eine Zuflucht finden – als Kind der Weichseleiszeit ist die Uckermark gerade dem erdgeschichtlichen Säuglingsalter entwachsen. Es ist eine ruhige Landschaft mit einem sympathisch anachronistischen Charme. Bäche, Flüsse und mehr als 300 Seen prägen die dünnbesiedelste Region der Bundesrepublik. Die Dörfer haben traditionellen Charakter, mittelalterliche Burgruinen, verfallene Zisterzienserklöster und ein paar hübsche, zum Teil restaurierte Jagdschlösschen bilden die Highlights. Dass sich die Musen in diesem Umfeld wohl fühlen, ist eigentlich nicht verwunderlich. Mehr als 40 Künstler leben hier, viele sind nach der Wende aus Berlin Kreuzberg in das märkische Idyll gezogen. Sie haben sich unter dem

Namen „Kulturlandschaft Uckermark“ zu einer Interessengemeinschaft zusammengeschlossen und einen “Künstlerpfad“ ins Leben gerufen, der bereist werden kann. Bildhauer, Maler, Grafiker, Karikaturisten, Schmuckdesigner und Textilkreateure stellen übers Land verteilt in Werkstätten, Galerien und Ateliers ihre Arbeiten vor (S. 77 eine Skulptur von Christian Werdin). Steinskulpturen, Aquarelle, Filzobjekte, Stoffdrucke, Keramik-Art, Computerkunst – in dieser ländlichen, etwas unzeitgemäßen Region lässt sich das ganze Spektrum zeitgenössischer Kunst bewundern. Ganz en passant kommt man dabei durch die schönsten Orte der Uckermark: Templin mit mittelalterlicher Wehranlage und der imposanten Klosterruine Boitzenburg, das historische Angermünde mit Stadtmauer und Pulverturm, die alte Flößerstadt Lynchen. Im Sommer gibt es an vielen Orten Kultur Open Air, z.B. auf der Naturbühne in Schwendt (s. Foto) oder bei den Choriner Musikwochen. Das Hotelwesen ist entwicklungsbedürftig. Empfehlenswert sind:

79a SEEHOTEL HUBERHOF
Seehausen

Dorfstraße 49
17291 Seehausen
Telefon 039863/60 20
Fax 039863/60 21-0
www.seehotel-huberhof.de

➔ Ein ländliches Fachwerkhaus mit 25 rustikal-gemütlichen Zimmern, Fitnessraum und gutbürgerlichem Restaurant. Besonders schön: die privilegierte Lage direkt am See (DZ mit Bad/WC und Telefon ab € 62,– inkl. Frühstück).

79b PARKHOTEL
Prenzlau

Grabowstraße 14
17291 Prenzlau
Telefon 03984/85 40
Fax 03984/85 41 31
www.mihag.de

➔ Ein freundliches, ruhiges und frisch modernisiertes Haus in der Altstadt, im Restaurant gibt's regionaltypische Spezialitäten inklusive vegetarischer Kost (33 Zimmer, DZ mit Bad/WC, Telefon ab € 72,– inkl. Frühstücksbüfett).

Info über die Region:
Tourismusverband Uckermark
Tel. 03987/521 15
www.tourismus-uckermark.de
Auskunft zum Künstlerpfad über die Interessengemeinschaft „Kulturlandschaft Uckermark"
Tel. 03331/29 80 82

Und ewig schnucken die Schafe:

HEIDEROMAN
WESER UND E

→ Rundlingsdörfer und Totenstädte, Künstlerenklaven und Klöster, wilde Trockentäler und melancholisch stimmende Moorgebiete. Nicht zu vergessen die Heide, lila blühend, mit krüppeligen Büschen und knarzigen Baumskulpturen, reetgedeckten Gutshöfen und hier und da sogar ein paar Windmühlen. Wenn dann noch eine Herde zotteliger Heidschnucken in der Landschaft steht, ist das Idyll perfekt. Die Lüneburger Heide, begrenzt durch die weiten Flussniederungen von Elbe und Weser, ist ein ideales Gelände für Naturliebhaber mit Hang zu Nostalgie. Auf Erstbesucher wirkt die Landschaft mitunter befremdlich, geradezu bizarr. Ursprünglich gab es hier nur Wälder. Erst Karl der Große ließ sie roden, um Ackerbau und Viehzucht anzusiedeln. Es ist eine weitgehend ländliche

TIK ZWISCHEN LBE

Region geblieben. Kulturzeugnisse gibt es en masse, vom Hünengrab bis zur Backsteingotik. Die Küche ist meistens deftig regional, häufig auch kosmopolitisch verfeinert und mit kreativem Touch.

Erholungssuchende erfreuen sich an den vielen Möglichkeiten zu Aktivitäten in freier Natur – Angeln, Reiten, Kanu fahren, von der erbaulichen Heidewanderung ganz zu schweigen.

83 HOF ROSE
Altenmedingen

Anreise: A 7 Hamburg–Hannover, dann A 250 nach Lüneburg, B 4 nach Bienenbüttel, dort links Richtung Altenmedingen abbiegen. Im Ort Hinweisschild zum Hof Rose folgen. Bahnstation Bad Bevensen.

29575 Altenmedingen
Telefon 05807/98 96-0
Fax 05807/12 91
www.hofrose.de
12 Doppelzimmer, Dusche/WC, Telefon; DZ ab € 75,–
inkl. Frühstück; 1 exkl. Ferienwohnung (ca. 80 qm),
pro Tag f. 2. Pers. € 76,– (exkl. Frühstück zzgl. Endreinigung)
Hallenbad, römisches Dampfbad, Sauna, Tennis
Mitte Januar bis Ende Februar nur für Gruppen geöffnet

→ Kaum zu glauben, dass dieses beschauliche Landhotel noch immer ein Geheimtipp ist. Siegfried und Ilse Rose haben den historischen Meierhof Mitte der 70er Jahre zu einem der schönsten und charaktervollsten Hideaways in der Lüneburger Heide umgebaut. Heute wird das Anwesen, das sich seit Jahrhunderten in Familienbesitz befindet, von Tochter Sabine mit Ehemann Christof von Borries geführt. Die Rotklinker- und Fachwerkgebäude liegen ruhig und idyllisch auf einem großen Gelände mit altem Baumbestand. Die Gästezimmer sind individuell in einem dezenten Landhausstil eingerichtet. Antiquitäten setzen Akzente, sonnengelbe Wände, große, weißgestrichene

➔ Anschauen

Lüneburg war im Mittelalter blühendes Handelszentrum. Die Altstadt mit Kaufmannshäusern, historischem Wasserviertel und Kloster Lüne zeugt von der Blütezeit der einstigen Salinenmetropole. Tipp: das Heinrich-Heine-Haus am Ochsenmarkt, ein Renaissancebau aus dem 16. Jahrhundert. Das Heimatmuseum von Schloß Holdenstedt bei Uelzen ist u. a. für seine Gläsersammlung bekannt; es finden hier Kunstausstellungen und Konzertveranstaltungen statt.

➔ Aktiv sein

Boots- und Kanufahrten auf der Ilmenau, einem Heideflüsschen, Wanderungen und Fahrradtouren. Tipps und Kartenmaterial gibt es im Hotel. Ein 18-Loch-Golfplatz ist nur 2 Km entfernt, Badevergnügen bieten die Jod-Sole-Terme in Bad Bevensen und die Salzterme in Lüneburg.

Tourismuskreis Uelzen
Tel. 0581/730 40
www.tourismuskreis-uelzen.de
Tourist-Information Lüneburg
Tel. 04131/207 66 20
www.luene-info.de

Fenster und viel Glas bringen heitere Helligkeit ins Haus. Auf der Wiese des weitläufigen Bauerngartens gackern Hühner. Hin und wieder staunt das Federvieh auch über moderne Skulpturen, die Künstler zeitweilig zu Ausstellungen installieren. Das Schönste in dem Garten aber ist eine Schaukel, die wie anno dazumal an etwa 8 Meter langen Ketten vom Ast einer uralten Eiche hängt – da schwingt ein stiller Zauber durch die Luft.

Der Hof Rose verfügt über eine sonnige Gartenterrasse, Reitmöglichkeiten und eine kleine Privatbibliothek. Frühstücken kann man bis 14 Uhr, nachmittags gibt's Waffeln und selbstgebackenen Kuchen. Am Abend serviert Küchenchefin Sabine von Borries regionale Spezialitäten wie Heidschnuckenbraten und Holunderbeersuppe. Das Restaurant ist Hotelgästen vorbehalten, auswärtige Besucher können nur auf Vorbestellung speisen.

Gourmet-Tipp in der Nähe: Das Restaurant „Vitus" in Reinstorf (ca. 10 km entfernt) ist für seine kreative Küche bekannt (Tel. 04137/809-444).

85 ROMANTIK HOTEL JOSTHOF
Salzhausen

Anreise: A 7 Hannover–Hamburg, Abfahrt Garlstorf Richtung Lüneburg.

Am Lindenberg 1; 21376 Salzhausen
Telefon 04172/909 80
Fax 04172/62 25
www.josthof.de
16 Zimmer, Bad/Dusche/WC, Telefon
DZ ab € 98,– inkl. Frühstück

→ Dunkles Gebälk und schiefe Terrakottaböden, viel Zinn, viel Ton und jede Menge Antiquitäten. An einem Delfter Kachelofen hängen Waffeleisen, in alten Glasvitrinen reiht sich schön bemaltes Porzellan. Der Josthof ist zweifellos eine der urigsten Luxusherbergen der Republik. Das erste Mal wird das niedersächsische Gehöft im Jahre 962 erwähnt, 1699 bekommt es das „Krugrecht". Seitdem dürfen in dem reetgedeckten Fachwerkkomplex „selbstgebrautes

Konventsbier, Winsener Broyhan und Lüneburger Biere" ausgeschenkt werden. Inzwischen hat man das Angebot des mitten im Ort liegenden Heidegasthofs erheblich erweitert. Scheune und Wagenscheuer wurden ausgebaut, schöne, antik eingerichtete Gästezimmer entstanden. Das Restaurant etablierte sich als Geheimtipp unter Feinschmeckern. Die Küche versteht sich nicht nur auf regionale Spezialitäten wie Heidschnuckenragout oder Rehterrine, sie bringt auch international inspirierte Köstlichkeiten wie andalusische Gemüsesuppe oder Seeteufelbäckchen mit Pestokartoffeln auf den soliden Holztisch. Im bezaubernden Gartencafé werden Kuchen und frische Früchte serviert. Im Sommer kann es deshalb am Sonntagnachmittag schon mal etwas turbulent zugehen. Abends aber herrscht wieder Frieden in dem ehrwürdigen Gasthof.

→ Anschauen

In unmittelbarer Nachbarschaft des Josthofes, versteckt unter uralten Kastanien, befindet sich das schönste Kirchlein der Lüneburger Heide, St. Johannis. Die Geschichte des Fachwerk-Gotteshauses reicht bis ins 12. Jahrhundert zurück. Lüneburg ist nur einen Katzensprung entfernt. In Eyendorf, Luhmühlen und Soderstorf südlich von Salzhausen gibt es romantische alte Mühlen zu besichtigen, bei Borstel, Raven und Oldendorf kann man einen Blick auf vorzeitliche Stein- und Hünengräber werfen.

→ Aktiv sein

Ein Golfplatz liegt in der Nähe, die Luhe, ein beschauliches Flüsschen, lädt zum Paddeln und Angeln ein.

Info über die Region:
Verkehrs- und Kulturverein Salzhausen
Tel. 04172/90 99 15
www.salzhausen.de

87 FÜRSTENHOF CELLE

Celle

Anreise: HH A 7 Abfahrt Schwarmstedt, B 214 nach Celle, B 3 rechts in Richtung Hannover, an der Celleschen Zeitung rechts abbiegen.

Hannoversche Straße 55-56; 29221 Celle
Telefon 05141/20 20
Fax 05141/20 11 40
www.fuerstenhof.de
80 Zimmer, 5 Suiten, mit Bad/Dusche, Telefon, TV, Minibar, Safe, Fön
DZ ab € 175,– inkl. Frühstück
Hallenbad, Sauna, Beautyfarm, Massagen

➔ Ein außergewöhnliches 5-Sterne-Haus, das seine Gäste mit großer Wärme und Freundlichkeit empfängt. Francesco Stechinelli, ein aus Venedig stammender Abenteurer, hatte sich das kleine barocke Palais Mitte des 17. Jahrhunderts in der schmucken Residenzstadt des Herzogs von Braunschweig-Lüneburg bauen lassen. Über die Jahrhunderte welkte es dahin. Als die Familie des Grafen von Hardenberg das Haus 1970 kaufte, stand es kurz vor dem Abriss. Die neuen Besitzer setzten behutsame Restaurierungsarbeiten in Gang, sie stellten Antiquitäten,

Gobelins und Skulpturen aus ihrem Privatbesitz zur Verfügung und verwandelten das Palais in ein höchst elegantes Hotel, das heute zur Gruppe der Relais & Chateaux-Häuser gehört. Bei Sonnenschein sitzt man gepflegt unter betagten Kastanienbäumen auf der Gartenterrasse. Vom Foyer führt eine herrschaftliche Freitreppe hinauf zum Blauen Salon, wo griechische Mythologie die Wände schmückt. Zimmer und Suiten sind stilvoll luxuriös, besonders beeindruckend ist das Kaminzimmer mit einer handbemalten Panoramatapete, die 1825 in Madrid gefertigt wurde.

Feinschmecker schätzen Küche und Weinkeller des Hotels. Die „Grande Cuisine aromatique" des Restaurants „Endtenfang" wurde mehrfach ausgezeichnet. In der Gourmet-Kochschule geben die Meister ihres Fachs Hans Sobotkas und Helmut Griebls ihre Kenntnisse weiter. Das Hotel liegt nur einen Katzensprung von der Celler Altstadt entfernt.

→ **Anschauen**

Mit seinen pittoresken Fachwerkhäusern, dem schönen Renaissance-Rathaus und der hübsch herausgeputzten Residenz nebst barockem Schlosstheater gehört das historische Celle zu den schönsten deutschen Städten. Nur wenige Altstadt-Ensembles sind in dieser ursprünglichen Weise erhalten. Das Bomann-Museum führt in den Alltag von vor 120 Jahren. Das ehrwürdige Zisterzienserinnen-Kloster Wienhausen östlich der Stadt gilt Kunsthistorikern als bedeutendster mittelalterlicher Komplex des Nordens.

Info:
Tourismus Celle
Telefon 05141/12 12
www.region-celle.de

89

HOF TÜTSBERG
Schneverdingen-Heber

Anreise: A 7 HH–Hannover, Abfahrt Bispingen-Behringen, nach Behringen, im Ort links Richtung Schneverdingen-Heber, nach 4 km rechts Richtung Hof Tütsberg.

29640 Schneverdingen-Heber
Telefon 05199/900
Fax 05199/90 50
www.tuetsberg.de
22 Zimmer, mit Bad/Dusche/WC, Telefon
DZ ab € 99,– inkl. Frühstück
Sauna, Solarium

→ Ein Paradies für alle, die Ruhe und viel Landschaft suchen – fernab von aller Zivilisation, mitten im Naturschutzpark Lüneburger Heide, liegt dieses zauberhafte Heidegut, dessen Geschichte bis ins 16. Jahrhundert zurückreicht. Reetgedecktes Fachwerk mit weißgestrichenen Puzzleglasfenstern, schöne alte Linden, die das Gartencafé säumen, eine Pferdekoppel hinter dem Haus. Der Gebäudekomplex gehört dem Verein Naturschutzpark.

Der Naturpark ist die größte zusammenhängende Heidefläche Westeuropas. Dem fröhlichen Wandersmann sind somit sehr weiträumige Grenzen gesetzt. Die Sehenswürdigkeiten liegen sozusagen auf seinem Weg: Im Wachholderwald des Steingrundes lassen sich jede Menge Findlinge finden, die Wege entlang des Totengrundes gehören zu den aufregendsten der Region. Vom Wilseder Berg – 169,2 Meter über dem Meeresspiegel – kann man bei gutem Wetter bis nach Hamburg gucken. Wer nicht so gut zu Fuß ist, lässt sich mit der Kutsche durchs Heideland chauffieren. Auch ein Heimatmuseum gibt es: „Dat ole Huus" in einem historischen Bauernhaus in Wilsede zeigt die traditionelle bäuerliche Lebensart der Lüneburger Heide.

Info über die Region:
Verein Naturschutzpark
Tel. 05198/98 70 30
Erlebniswelt Heide
Tel. 05191/97 08 29
www.erlebniswelt-heide.de

Das lauschige „Landidyll-Hotel" wird seit 1985 persönlich durch die Familie Rummler geführt.

Auf der Speisekarte stehen leckere Heidespezialitäten wie Grützwurst und Buchweizenpfannkuchen. Es kommen aber auch edlere Gerichte wie Hischcarpaccio mit Walnussessig auf den Tisch.

Im Sommer gibt es Barbecue im Garten, im Winter Grog am knisternden Kamin. Für Weinliebhaber stehen im Keller rund 60 gute Tropfen bereit.

Die Zimmer sind einfach, aber komfortabel und verteilen sich auf mehrere Gebäude. Reiter können ihre Pferde in den Gastboxen unterbringen.

91 NABU-NATURHOTEL GUT SUNDER Meißendorf

Anreise: A 7 HH–Hannover, Abfahrt Westenholz, durch Westenholz nach Meißendorf, dort rechts zum Gut.

Ortsteil Meißendorf; 29308 Winsen/Aller
Telefon 05056/97 01-0
Fax 05056/97 01 97
www.nabu-niedersachsen.de
15 Zimmer, mit WC/Dusche, Telefon und TV
DZ ab € 38,– p. Pers. inkl. Frühstück

→ Der Karpfen auf dem Dach des Herrenhauses ist mehr als eine Wetterfahne. Er steht für ein Stück Geschichte. Vor 100 Jahren startete Gutsherr Ernst von Schrader an diesem Ort ein Experiment – er ließ Fischbrut aus München kommen und setzte sie in seinen Teich am Hof ein. Der Versuch gelang, Sunder entwickelte sich zum florierenden Teichgut. Heute beherbergt das alte Gehöft aus dem 17. Jahrhundert ein Hotel. Es werden zwar keine

➔ Anschauen

Winsen ist ein hübsches altes Heidestädtchen, idyllisch an der Aller gelegen. Der Winsener Museumshof besteht aus acht Gebäuden, die zwischen dem 17. und 19. Jahrhundert anderswo gebaut und später hierher versetzt wurden.

➔ Aktiv sein

Die Meißendorfer Teiche ganz in der Nähe sind das größte Seengebiet der Heide. Hier kann man segeln, surfen und Tretboot fahren. Es gibt auch ein Strandbad. Schön zum Paddeln sind die Heideflüsschen Örtze und Aller.

Fische mehr gezüchtet, experimentierfreudig ist man aber dennoch geblieben.

Gut Sunder wird vom NABU Niedersachsen getragen, der hier neben dem Hotelbetrieb ein Naturerlebniszentrum betreibt. Im Rahmen von Kursen und Veranstaltungen lässt sich Wissenswertes über Feldlerche und Fledermaus erfahren, gemeinsam geht man auf Entdeckungstour zu Käuzchen und Libellen.

Das NABU Naturhotel ist ein schön restauriertes Fachwerkhaus, das weniger durch Luxus als durch seine bodenständige Gastlichkeit überzeugt, ein geselliger Ort, wo der Manager auf den Ökofreak trifft und alle viel Spaß miteinander haben.

Info über die Region:
Touristinfo Winsen/Aller
Tel. 05143/91 22 12

93 LANDHAUS WACHTELHOF
Rotenburg/Wümme

Anreise: A 1 HH–Bremen, Abfahrt Bockel oder Stuckenborstel, dann Landstraße nach Rotenburg.

Gerberstr. 6; 27356 Rotenburg/Wümme
Telefon 04261/85 30
Fax 04261/85 32 00
www.wachtelhof.de
38 Zimmer, mit Bad/WC, TV, Telefon, Mini-Bar, Safe, Fön
DZ ab € 98,– p. Pers. inkl. Frühstück und Thermennutzung
Therme, Hallenbad, Fitnessraum, Sauna, Solarium

→ Die postmoderne Variante von Romantik – geradliniges Design trifft auf runde Burgtürmchen, klares Weiß kontrastiert mit grauschwarzen Schindeln und Blümchen vor Sprossenfenstern. Der Wachtelhof ist ein Neubau-Schlösschen, das mit moderner Eleganz Geborgenheit ausstrahlt. Viel Marmor und Spiegel, helles Pinienholz und edle Textilien, ein Haus, in dem sich auch Stars und Sternchen wohl fühlen. Die großzügigen Zimmer haben Luxuskomfort und fantastische Bäder, im noblen Restaurant „L' Auberge" stimmen Küche und Ambiente – alles vom Feinsten. Ein echter Hit ist die prächtige „Badeoase" mit Fitnessbereich, Sauna, Pool, Masseur und Beauty-Institut.

→ Anschauen

Rotenburg ist ein Heideörtchen, das Berührungen mit dem Zeitgeist nicht scheut. Das wird nicht nur im städtischen „Spaßbad“ mit 84-Meter Rutsche und Matschbereich deutlich. Auch mit modernen Skulpturen wie dem Adlermenschen auf dem Bahnhofsvorplatz und der „Paar-oh-die“ am Markt hat man diesbezüglich Zeichen gesetzt.

→ Aktiv sein

Wandern, Radeln, Reiten. Nur wenige hundert Meter entfernt liegt der Bullensee, wo man im Sommer baden und Tretboot fahren und im Winter Schlittschuh laufen und Eisstock schießen kann. Auch ein 18-Loch-Golfplatz befindet sich in der Nähe. Das Hotel organisiert zudem Kutschfahrten mit Picknick und Fesselballonfahrten.

Info über die Region:
Tourismusverband
Landkreis Rotenburg
Tel. 04281/95 06 66
www.tourow.de

95 FERIEN- UND REIT-SPORT-HOTEL BRUNNENHOF
Suhlendorf

Anreise: B 4 von Lüneburg nach Uelzen, bzw. B 191 von Celle zur B 4 nach Uelzen, dort B 71 Richtung Salzwedel bis Suhlendorf.

29562 Suhlendorf
Telefon 05820/8 80
Fax 05820/17 77
www.hotel-brunnenhof.de
35 Zimmer, mit Dusche/WC, Fön, TV, Telefon
8 Ferienwohnungen bis 6 Pers.
DZ ab € 82,– inkl. Frühstück
Hallenbad, Sauna, Solarium, Tennis, Reithalle

➔ Ein weitläufiger, ländlicher Sporthotel-Komplex im Stil eines Rundlingsdorfes, bestehend aus neuen und alten Fachwerkhäusern. Vor allem Reitsportfreunde und solche, die es werden wollen, kommen hier auf ihre Kosten. Auf dem großen Außenplatz und in der Reithalle stehen Lehrer zur Verfügung, es gibt 20 gut ausgebildete Schulpferde. Auch geführte Ausritte in die Heide kann man unternehmen.

→ Anschauen

Attraktion des netten Ortes Suhlendorf ist das Mühlenmuseum, in dem zahlreiche Modelle, aber auch eine originale Bockwindmühle zu sehen sind. Außerdem wurden historische Werkstätten traditioneller Handwerksbetriebe nachgebaut. Tipp zum Einkehren: In der „Waldmühle", einer renovierten Windmühle, befindet sich ein schönes Café, vom Turm aus hat man einen herrlichen Panoramablick in die Landschaft. Ein Ausflug zum Museumsdorf Hösseringen einige Kilometer westlich lässt sich mit einem Rundgang über den Waldgeschichtspfad Schooten verbinden, der gleich neben dem Dorf beginnt und von dem Cartoonisten Marunde illustriert wurde.

Info über die Region:
Verkehrsverein Suhlendorf
Tel. 05820/346
www.suhlendorf-verkehrsverein.de

Der Brunnenhof liegt sehr schön und ruhig, man tritt vor's Haus und steht mitten in der Heide. Die Zimmer und Ferienwohnungen sind rustikal, hell und freundlich eingerichtet. Im Restaurant werden typische Spezialitäten der Region serviert.

97 WITTHÖFT'S GÄSTEHAUS
Wilsede

Anreise: A 7 HH-Hannover, Abfahrt Evendorf oder Bispingen, über die Deutsche Ferienroute nach Volkwardingen, über Undeloh Richtung Wilsede.
Die Straße in den Naturschutzpark ist nur mit Sondergenehmigung befahrbar. Diese erhalten Gäste bei Buchung durch das Hotel.

Wilsede 2; 29646 Bispingen
Telefon 04175/545
Fax 04175/82 11
www.witthoeft-wilsede.de
12 Zimmer mit Dusche und WC
DZ ab € 75,– inkl. Frühstück

➔ Wie Hof Tütsberg liegt das Hotel mitten im Naturschutzgebiet Lüneburger Heide. Viel Luxus darf man nicht erwarten, die Zimmer sind einfach und rustikal, bei einigen muss man zu Dusche und WC über den Flur. Dass der Gasthof trotzdem als Geheimtipp gehandelt wird, liegt nicht zuletzt an Uta Büttighaus, die die kleine Herberge mit viel Herzlichkeit und Kommunikationsfreude führt. Bis ins 14. Jahrhundert reicht die Geschichte ihrer Familie in Wilsede zurück. Das erklärt, warum die Wirtin mit Leib und Seele mit diesem Flecken Erde verwurzelt ist. Vor 23 Jahren hängte Uta Büttighaus ihren Job als Ärztin an den Nagel und übernahm das Familienunternehmen. Seitdem bewirtet sie ihre Gäste mit köstlichem Heidschnuckenbraten und Heidelbeerwein, sie erzählt Geschichten aus alten Tagen und gibt kompetent Auskunft über Sehens- und Merkwürdigkeiten der Region. An den Wänden sorgen Hirschgeweihe, Ölgemälde und in Sütterlin verfasste Dokumente für rustikale Gemütlichkeit. Die Atmosphäre ist entspannt und familiär. Kein Wunder, dass so viele Stammgäste immer wieder den Weg nach Wilsede finden.

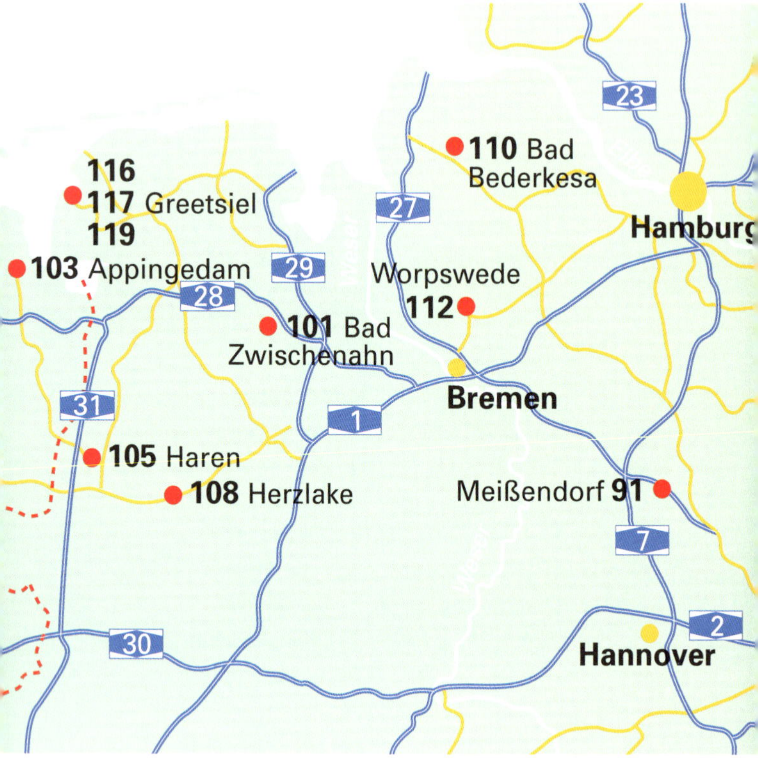

Go West!

ZU WINDMÜHL
DÖRFERN UND

→ Der Charme der Provinz ruft die Spötter auf den Plan. Dies sei das Ende der Welt, heißt es. Eine Gegend, in der sich die Leute auch noch am Abend ein fröhliches „Moin, Moin" zurufen. Wo das Land so platt ist, dass man schon morgens sieht, wer am Nachmittag zum Kaffee kommt. Tatsache ist, dass es in dieser Gegend wenig städtisches Leben gibt. Das Binnenland hinter der südlichen Nordsee ist vom Wasser geprägt. An den Deichufern von Weser und Ems hat man selbst hundert Kilometer landeinwärts noch den Eindruck, direkt an der See zu sein. Wie ein engmaschiges Netz durchziehen unzählige Kanäle und Siele die Fehnlandschaft – zu deutsch: das Moorgebiet. An der Küste führt man bis heute einen ständigen Kampf um Land. Noch im Mittelalter waren hier

EN, FISCHER-
MOORBAUERN

nur sogenannte Warften, aufgeschüttete Hügel, besiedelt. Erst die Deiche schützten die Region vor der Gefahr der Überflutung. Es entstand eine der interessantesten deutschen Kulturlandschaften, die alles andere als hinterwäldlerisch ist. Dem Besucher bietet sie maritimes Flair, eine ganz spezielle Romantik und viele Momente des Staunens. Auch Aktive, Feinschmecker und Kunstinteressierte kommen auf ihre Kosten. Der Gruß „Moin, moin" hat übrigens nichts mit einem „Guten Morgen" zu tun. Es ist ganz einfach ein hingenuscheltes „Schönes...".

JAGDHAUS EIDEN
Bad Zwischenahn

Anreise: A 28 Oldenburg-Emden, Abfahrt Bad Zwischenahn, Richtung Bad Zwischenahn, über die Wiefelsteder Straße Hotelroute folgen, beim Hinweisschild links

Eiden 9
26160 Bad Zwischenahn,
OT Aschhauserfeld
Telefon 04403/69 80 00
Fax 04403/69 83 98
www.jagdhaus-eiden.de
57 Zimmer, 12 Suiten mit Bad/Dusche, Telefon, Safe, Minibar, TV, Balkon/Loggia
DZ ab € 93,– inkl. Frühstück
Hallenbad, Sauna, Fittnessraum

➔ Ein leichter Nebelschleier liegt über der Wiese, durch die weit geöffnete Balkontür fällt der Blick über den See, auf einem Steg sitzt ein einsamer Angler, der in den ersten Sonnenstrahlen sein Glück versucht. Noch ist es mucksmäuschenstill. Nur ein paar Amseln streiten sich in den hohen Tannen hinterm Haus. In den Morgenstunden lässt sich die bevorzugte Lage des Jagdhaus Eiden am besten genießen. Die Minigolfanlage vor dem Haus ist noch nicht in Betrieb, weder das Spielkasino noch die herrliche Restaurantterrasse ziehen Besucher an. Auf den Spazierwegen am See, der sich Meer nennt, drehen nur ein paar Jogger ihre Runden.

Das Jagdhaus Eiden ist ein Hotel mit Tradition. Seit vier Generationen befindet es sich im Besitz der Familie zur Brügge, die erst kürzlich das 100-jährige Bestehen ihres Hauses feiern konnte. Von den ehemaligen „Strandgast-

➔ Anschauen

Die Region ist ein Dorado für Gartenfreunde. Da ist zum einen der 2003 auf dem Gebiet der Bundesgartenschau eröffnete Park der Gärten mit vielen Themengärten, Pflanzensammlungen und Blumenschauen. In den Rhododendronparks von Gristede, Westerstede und Linswege-Petersfeld kann man die Wappenpflanze des Ammerlandes in ihrer schönsten Vielfalt erleben. Daneben geben der Maxwald Park in Westerstede, der Bad Zwischenahner Kurpark und der Schlosspark Rastede eindrucksvolle Zeugnisse der Gartenkultur.

➔ Aktiv sein

Ein Netz gut ausgeschilderter Radwanderwege durchzieht das Ammerland, Fahrräder kann man im Hotel ausleihen. Auch Golfer kommen in unmittelbarer Hotelnähe auf ihre Kosten, der See bietet sich für diverse Wassersportarten an.

Informationen:
Ammerland Touristik
Telefon 04488/560
www.ammerland-touristik.de

stätten“ bis zum heutigen Romantikhotel mit Gourmetrestaurant war es ein weiter Weg. 1971 brannte das historische Gebäude innerhalb von 40 Minuten vollständig ab. Unwiederbringliche Schätze gingen verloren.

Doch Familie zur Brügge ließ sich nicht entmutigen. Schon ein Jahr später wurde das neue Jagdhaus Eiden im Stil eines niedersächsischen Bauernhauses wieder eröffnet. Heute steuern vor allem Naturliebhaber und Feinschmecker die schöne Fachwerkresidenz an.

Die großzügigen Gästezimmer sind individuell im Landhausstil eingerichtet. Das Haus hat einen eigenen kleinen Stand und liegt zwischen gigantischen Rhododendronbüschen in einer idyllischen Parklandschaft.

Das Restaurant „Apicius“ wurde für seine Kreationen mehrfach ausgezeichnet und hat sogar einen der in Deutschland raren Michelinsterne.

Der inzwischen fast schon obligatorische Wellnessbereich verwöhnt mit maritimer Badelandschaft.

103 LANDGOED EKENSTEIN

Appingedam/NL

Anreise: A 31 bis Autobahndreieck Bunde, A 280 und A 7 Richtung Groningen, Abfahrt 44 über B 33 nach Appingedam.

Alberdaweg 70; 9901 TA Appingedam
Niederlande
Telefon 0031/596/62 85 28
Fax 0031/596/62 06 21
www.ekenstein.com
28 Zimmer, mit Bad/WC, TV, Telefon
DZ ab € 85,– inkl. Frühstück

→ Appingedam, der reizende Ort am Damsterdiep, ist für seine „hängenden Küchen" bekannt. Als man vor Jahrzehnten die vielen Lagergebäude des Hafenstädtchens in Wohnhäuser verwandelte, fehlte es an Platz für die Kochstätten. Also konstruierte man Vorbauten, die bis heute etwas verwegen über den Grachten hängen. Die Altstadt von Appingedam, das einst bedeutendes Handelszentrum war und seit 1327 die Stadtrechte besitzt, steht unter

→ Anschauen

Groningen ist eine alte Handels- und Universitätsstadt mit schönen Museen (empfehlenswert: das moderne Groninger Museum sowie das Volkskundliche Museum), gemütlichen Märkten und einer regen Kneipen- und Straßencafészene. Einer der eindrucksvollsten Herrensitze der Region ist die elegante Fraeylemaborg in Slochteren, in einem herrlichen Parkwald gelegen. Mit originaler Einrichtung, schönen Gemälden, einer Kupfer- und Zinnsammlung sowie wechselnden Ausstellungen. Im Freizeitpark AquaiOm in Delfzijl gibt es u.a. ein Meeres-Aquarium und eine imposante Muschelausstellung.

→ Aktiv sein

Das platte Land ist ideal für Fahrradtouren, Binnenseen wie das Schildmeer sind Revier für Wassersportler und Badenixen. Auch das Meer ist nicht weit. Über geführte Wattwanderungen informiert das Fremdenverkehrsamt.

Denkmalschutz. Schön ist auch die Umgebung. Das zur Provinz Groningen gehörende Grenzgebiet ist von viel Wasser und viel Wald, von Grachten, Windmühlen und einer Unzahl von Burgen und Schlösschen geprägt. Die Region ist zudem bekannt für ihre Kirchenorgeln. Im „Groninger Orgelagenda" (übers Verkehrsbüro, s. u.) kann man nachlesen, wann und wo Konzerte stattfinden.

Landgoed Ekenstein war im 17. Jahrhundert ein Rittersitz. Im 19. Jahrhundert hat man es mit neugotischen Elementen aufgepeppt. Heute ist das Landgut ein gemütlich-elegantes Hotel mit offenen Kaminen, Spitzbogenfenstern und Blümchengardinen. Erholsam ist der Park im englischen Landschaftsstil, mit verwunschenen Teichen, altem Baumbestand und einem stillen Gartencafé. Im Restaurant „La Belle Epoque" wird französisch gekocht.

Info über die Region:
Verkehrsbüro Appingedam
Telefon 0031/596/62 03 00

105 HAUS LANDEGGE
Haren/Ems

Anreise: A 31 Abfahrt Haren, Landstraße Richtung Haren bis zur ersten Ampelkreuzung, dann links über die Zugbrücke, nächste große Kreuzung links, an der Ems entlang, bei Kilometer 3,4 links zum Gut Landegge.

49733 Haren/Ems
Telefon 05932/12 21 u. 12 90
Fax 05932/12 47
www.hauslandegge.de
20 Ferienwohnungen, ab € 70,– pro Tag

➔ Marianne Hiebing kann sich freuen. Erst kürzlich wurde ihr kleiner ländlicher Herrensitz zu einem der zehn schönsten Bauernhöfe Deutschlands gekürt. Das Gut aus dem 17. Jahrhundert hat etwas Märchenhaftes. Efeu klettert über Backsteinmauern, Frösche quaken im Schilf des Biotops, das wie ein Burggraben den Dreikanthof umgibt. Die Enten haben sogar ihr eigenes Haus. Außerdem gibt es Ziegen und Schweine, Hühner, Schafe und eine Kuh.

Und natürlich Pferde, denn Gut Landegge ist auch ein Reiterhof, wo sich auch Anfänger im „größten Glück der Erde" versuchen können. Jeder Wohnung steht ein Pony zur Verfügung. Die Räume sind rustikal-antik und mit Küche, TV und Telefon ausgestattet, einige haben einen offenen Kamin. Am schönsten sind die Apartments im alten Gutshaus. Wer nicht selber kochen will, kann Frühstück, Halb- oder Vollpension buchen.

→ Aktiv sein

Unmittelbar hinter dem Gut Landegge beginnt der Wald mit Waldlehrpfad, Kräutergarten und herrlichen Wanderwegen. Vor dem Haus fließt die Ems entlang. Ruderboot und Fahrrad gibt es kostenlos am Gut. Mit dem hofeigenen Angelrecht kann man am Fluss oder Hofteich als Petrijünger in Aktion treten. Ein Bade- und Surf-See ist 3 Kilometer entfernt. Auch ein neuer Golfplatz liegt in der Nähe.

Info über die Region:
Touristik-Information Haren
Tel. 05932/713 13
www.haren.de

→ Anschauen

Haren ist eine alte Schifferstadt. Im Hafen ankern Hochseesegler und Yachten. Sehenswert: das Schifffahrts- und Mühlenmuseum. Circa 20 Kilometer entfernt ist das Jagdschloß Clemenswerth in Sögel zu besichtigen, ein Juwel barocker Baukunst mit herrlichem Park und kunsthistorischen Sammlungen.

Haren liegt an der Grenze zu Holland, Ter Apel mit seinem verwunschenen alten Prämonstratenser-Kloster mit Klostergarten und Kirche ist keine 10 Kilometer entfernt. Im ehemaligen Backhaus des Klosters befindet sich heute das „Boschhuis", ein kleines Hotel-Café-Restaurant im Forsthausstil. In der Küche wird holländisch gekocht, die Zimmer sind einfach aber gemütlich („Boschhuis", Boslaan 6, LA Ter Apel, Niederlande, Telefon 0031/599/58 12 08, www.hotelboschhuis.nl).

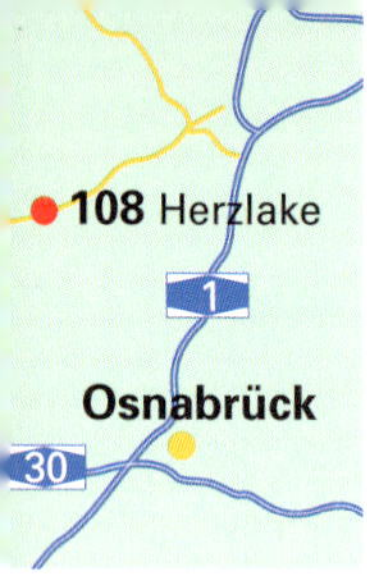

108

ASELAGER MÜHLE
Herzlake-Aselage

Anreise: A 1 Osnabrück–Oldenburg, Abfahrt Cloppenburg Richtung Cloppenburg, B 213 Richtung Meppen, links Abzweigung Herzlake, Hinweisschildern Aselage folgen. A 31 Abfahrt Meppen, B 402 über Meppen bis Haselünne, dann links B 213 Richtung Cloppenburg.

49770 Herzlake-Aselage
Telefon 05962/93 48-0
Fax 05962/93 48-160
www.aselager-muehle.de
60 Zimmer, mit Bad, WC, Fön, Telefon, TV
DZ ab € 110,– inkl. Frühstück
Hallenbad, Sauna, Solarium, Tennisplätze, Reitstall, Fußballplatz

➔ Ein Romantik-Hotel, das diese Bezeichnung wirklich verdient, vor allem am Abend, wenn die schöne alte Mühle angestrahlt wird, wenn unter den Spitzgiebeln des Fachwerkgebäudes die Lichter angehen und man nichts mehr hört außer dem Rauschen des Windes, der durch die alten Eichen streicht. Die Aselager Mühle bietet alles, was man für ein erholsames Wochenende braucht. Die großen Zimmer haben Luxusqualität, im Restaurant und in der mit Tiertrophäen geschmückten Jagdstube werden Spezialitäten für jeden Geschmack serviert. In den Fluren und im Empfangsbereich sorgen Werke regionaler Maler für Erbaulichkeit. Auch auf der Wiese vor dem Haus durfte sich die Kunst Ausdruck verschaffen. Wer Entspannung und Verschönerung sucht, kommt im Beauty-Institut auf seine Kosten. Für dynamische Aktivitäten stehen ein Hallenbad mit Sauna sowie fünf Tennisplätze, drei überdacht, zur Verfügung. Auch ein Reitstall liegt direkt am Hotel.

→ Anschauen

Herzlake ist ein tausend Jahre alter Ort mit Kirche aus dem 12. Jahrhundert. Nicht weit vom Hotel, mitten im Börsteler Wald versteckt, stehen die Reste von Stift Börstel, eines Frauenklosters aus dem 13. Jahrhundert. Auf dem Weg dorthin gibt es frühsteinzeitliche Megalithgräber und alte Bauernhöfe zu besichtigen.

Urig geht es auf dem Berentzen Hof in Haselünne zu, einem für touristische Zwecke aufgemöbelten Gut aus dem 14. Jahrhundert; mit Museum, Landsknechtschmaus und Markthalle.

Info über die Region:
Erholungsgebiet Hasetal
Tel. 05432/59 95 99
www.hasetal.de

→ Aktiv sein

Das Hotel ist umgeben von Feldern, Wäldern und Moor, bietet sich also für Wanderungen, Radtouren und Reitausflüge an (Fahrräder im Hotel). Es liegt zudem im Tal der Hase, einem Flüsschen, das sich durch eine wildromantische Landschaft schlängelt und beliebtes Revier für Angler und Paddler ist. Auch Golfer finden ihr Terrain. Das Hotel organisiert außerdem Ballonfahrten. Gemütlicher Nostalgiespaß: der Hasetalexpress, eine historische Dampfeisenbahn, die als reguläres Verkehrsmittel durchs Hasetal tuckert.

→ Auch schön zum Wohnen:

Der idyllische „Hof am Kolk“, ein denkmalgeschütztes Gehöft, das noch bewirtschaftet wird und Logis in vier gemütlichen Ferienwohnungen bietet:
Gänhauk 22
49624 Angelbeck
Telefon 05432/585 25
Fax 05432/585 45
www.hofamkolk.hasetal.de
Apartment ab € 30; Anreise über B 213, in Löningen Richtung Angelbeck

110

ROMANTIK HOTEL WALDSCHLÖSSCHEN BÖSEHOF
Bad Bederkesa

Anreise: A 27 Bremen–Cuxhaven, Abfahrt Debstedt, Landstraße nach Bad Bederkesa; oder von Hamburg B 73 bis Hechthausen, dann links über Lamstedt; Bahnstation Bremerhaven.

Hauptmann-Böse-Str. 19; 27624 Bad Bederkesa
Telefon 04745/94 80
Fax 04745/94 82 00
www.boesehof.de
48 Zimmer, Bad/Dusche/WC, Telefon, TV
DZ ab € 104,– inkl. Frühstück
Hallenbad, Sauna, Solarium, Kegelbahn, Massagen
keine Kreditkarten

→ Hauptmann Böse, so berichtet die Gedächtnistafel, sei „der Besten Einer" gewesen. 1826 hat der Bremer Zuckerkaufmann diesen hübschen Landsitz mit Blick auf den Bederkesaer See gebaut. Heute wirkt hier Familie Manke, und es ist nicht mehr als recht, dass sie dem von ihnen geführten Romantikhotel den Namen des Gründers gegeben hat. Das Waldschlößchen Bösehof ist eines der besten Häuser dieser Region östlich von Bremerhaven. Rote Rosen wuchern um schwarz-weißes Fachwerk, hohe Tannen und Lindenbäume flankieren die großzügige Gartenterrasse. Ein alpenländisch anmutendes Gebäude kam 1975 hinzu; hier sind die meisten Hotelzimmer untergebracht. Es sind großzügige Räume, die fast alle einen Balkon Richtung Süden haben. Im Jahr 2000 wurde zudem das mediterrane Haus „Jan Bohls" eröffnet.

Im eleganten Restaurant serviert man verfeinerte regionale Kost – fangfrischen Fisch aus dem See, Wild aus den umliegenden Wäldern. Das Haus verfügt über eine Saunen- und Badelandschaft mit Massagepraxis.

Info über die Region:
Kurverwaltung Bad Bederkesa
Tel. 04745/94 33-0
www.bad-bederkesa.de

→ Anschauen

Bad Bederkesa ist ein alter Rittersitz. Die Bremer bauten dort im Jahre 1460 eine Burg, die in den 1970er Jahren restauriert wurde und in der sich heute ein schönes Heimatmuseum befindet. Weit übers platte Land sichtbar: die Bederkesaer Mühle.

→ Aktiv sein

Ein paar Kilometer weiter liegt das Naturschutzgebiet der Flögener Seenplatte. Die Landschaft – Wiesen, Wälder, Moor – ist ideal zum Fahrradfahren und Wandern. Dabei gibt's immer was zu sehen: vorgeschichtliche Großsteingräber, alte Kirchlein, Wind- und Wassermühlen. Auch Wassersportler kommen auf ihre Kosten: Der Bederkesaer See ist beliebtes Revier für Segler und Surfer, auf dem Geeste-Elbe-Kanal, der durch Bederkesa führt, wird im Sommer eifrig gepaddelt. Bei Hainmühlen liegt ein schön angelegter 18-Loch-Golfplatz.

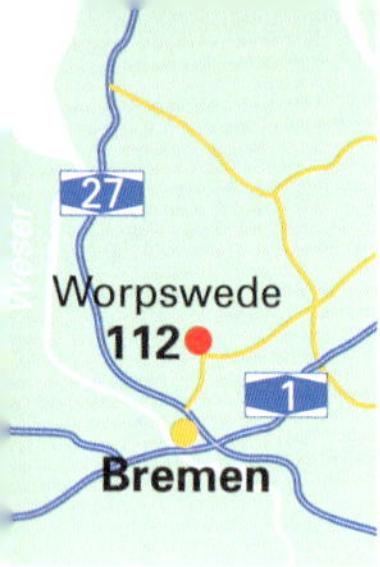

112

HOTEL EICHENHOF
Worpswede

Anreise: A 1 HH–Bremen, Abfahrt Stuckenborstel, B 75 Richtung Lilienthal nach Ottersberg, über Quelkhorn und Grasberg; oder A 27 Hannover-Bremerhaven, Abfahrt HB-Industriehäfen, Richtung Ritterhude nach Worpswede.

Ostendorfer Str. 13; 27726 Worpswede
Telefon 04792/26 76
Fax 04792/44 27
www.worpswede.de
20 Zimmer, mit Bad/Dusche/WC,
TV, CD-Player, Fön, Telefon
DZ ab € 143,– inkl. Frühstück

→ Mehr als hundert Jahre ist es her, da besuchte der junge Kunststudent Fritz Mackensen eine Freundin in Worpswede. Der Maler war begeistert von dem Ort, von der Landschaft und den Leuten. Immer wieder kam er zurück in das weltabgelegene Dorf im Teufelsmoor, bald in Begleitung seines Studienkollegen Otto Modersohn.

Die beiden beschlossen zu bleiben – die berühmte Worpsweder Malervereinigung war geboren. Seitdem haben sich in Worpswede Generationen von Künstlern niedergelassen. Zu den Malern gesellten sich Bildhauer und Glasbläser, Goldschmiede und Töpfer, Musiker und Literaten. Der Ort, dessen unverdorbene Natürlichkeit Mackensen und Modersohn so begeisterte, entwickelte sich zum „Weltdorf der Kunst". Das ist Worpswede bis heute geblieben.

Das Hotel Eichenhof fühlt sich ganz dem Geiste des Dorfes verpflichtet. Hier wohnt der Gast mit und in der Kunst. Alle Zimmer sind entsprechend gestaltet, mal ländlich naturverbunden, mal in wagemutigem Design. In der Küche des hoteleigenen Restaurant „ARTisst" schwingt Chefkoch Thomas Böthgen kreativ die Kelle. Im Sommer kann man seine sizilianischen Bratkartoffeln und den Seeteufel auf der wunderschönen Terrasse goutieren. Das Haus liegt traumhaft in einer von alten Eichen gesäumten Parkanlage mitten in Worpswede.

→ **Aktiv sein**

Das Teufelsmoor gehört zu Worpswede wie die Kunst. Eine Wanderung durchs Moor ist also ein Muss. Beliebt sind auch Kahn- oder Kanutouren auf dem Wasser der Hamme.

Info über die Region:
Touristik und Kulturmarketing Worpswede
Tel. 04792/95 01 21
www.worpswede.de

→ Anschauen

Erst mal durch den Ort schlendern – schon die Architektur der ehemaligen Künstlerhäuser ist beeindruckend. Die Villa Mackensen, der Barkenhoff Heinrich Vogelers (s. oben), das „Haus am Schluh“ und das Wohnhaus des Bildhauers und Architekten Bernhard Hoetger, in fast allen Gebäuden kann man Ausstellungen besichtigen. Auch das „Café Worpswede“ stammt von Hoetger. Ein Wochenende genügt kaum, um alle Museen, Galerien, Ateliers und Werkstätten aufzusuchen. Viele Künstler und Kunsthandwerker bieten ihre Werke sowie Kurse und Seminare an. Fast immer ist irgendwo was los – Lesungen, Konzerte, Performances.

→ EXTRA-TIPP:

DIE KRUMMHÖRN UND DAS FISCHERDORF GREETSIEL

Anreise: A 1 oder A 28 Richtung Oldenburg, A 31 Richtung Emden, Abfahrt Emden Nord, Landstraße Richtung Norddeich, dann Pewsum Greetsiel.

→ Zwei schöne alte Mühlen begrüßen den Gast gleich am Ortseingang. Hier heißt es aussteigen und das Auto zurücklassen. Greetsiel ist Fußgängern vorbehalten. Erst geht es am Siel entlang, dann durch rot geklinkerte Gässchen, die von putzigen Backsteinhäuschen gesäumt werden. Hinter weiß lackierten Sprossenfenstern werden Kunst und Kuchen, frischer Fisch und allerlei Friesen-Devotionalien angeboten. Um den beschaulichen Hafen, in dem Segelschiffe und bunte Krabbenkutter dümpeln, reihen sich spitzgiebelige Bürgerhäuser im Miniaturformat. Man könnte meinen, man wäre in einem Dorfmuseum gelandet. Aber in Greetsiel ist alles echt. Das ostfriesische Fischerörtchen ist über 650 Jahre alt und sicher das schönste an der deutschen Nordsee. Im westlichen Teil der Krummhörn – zu deutsch: „krummes Kap“ – gelegen, ist das Dorf zudem idealer Ausgangspunkt, um – per Drahtesel oder auf dem Wasser – eine der interessantesten Kulturlandschaften Norddeutschlands zu erkunden. Drei schöne Hotels, zwei mitten in Greetsiel und eins am Ortsrand, bieten Kost und Logis (siehe Seiten 116 und 117).

116

HOTEL RESTAURANT WITTHUS
Greetsiel

Anreise: siehe S. 115

Kattrepel 7–9; 26736 Greetsiel
Telefon 04926/92 00-0
Fax 04926/92 00 92
www.witthus.de
16 Zimmer (davon 4 kl. Suiten), mit Dusche, WC, Telefon, Radio, TV, Fön, Minibar
DZ ab € 80,–, kl. Suite ab € 112,– inkl. Frühstück

→ Ein schmuckes, weiß getünchtes Häuschen mit grünen Fensterrahmen. Durch das Lattentürchen geht es in den Garten, wo bei gutem Wetter Tee und selbstgebackener Kuchen serviert werden. Drinnen ist es hell und freundlich, dezentes Friesenambiente mit grün gestrichenen Holzbalken, offenem Kamin und Windlichtern in den Fenstern. Die Zimmer – gemütlich, geschmackvoll, mit schlichter Eleganz – haben alle Dusche, WC, TV und Telefon. Das Restaurant ist bekannt für seine regionalen Spezialitäten wie Scholle und Krabben.

117 HOTEL HOHES HAUS
Greetsiel

Anreise: siehe S. 115

Hohe Straße 1
26736 Greetsiel
Telefon 04926/181-0
Fax 04926/181-99
www.hoheshaus.de
33 Zimmer mit Bad/Dusche, WC, Telefon
DZ ab € 88,– inkl. Frühstück

➔ Nur ein paar Schritte vom Hafen entfernt liegt dieses 300 Jahre alte und erst kürzlich völlig renovierte ehemalige Pastorat. Drinnen und draußen bestimmen Naturholz, ostfriesische Blautöne und viel klares Weiß das Ambiente. Ein Haus für Puristen, denen die verspielte Kuschelromantik unterm Reetdach leicht mal zu eng wird. Lichte Räume mit hohen Bleiglasfenstern, eine schöne Eingangshalle mit lackierten Holzsäulen, Deckenbalken und gedrechseltem Treppengeländer vermitteln trotz rustikaler Elemente Großzügigkeit. Die Zimmer sind schlicht, aber edel, und mit allem Komfort ausgestattet. Zum Haus gehören ein Restaurant, eine Wirtsstube namens „Unter Haus" und ein Biergarten.

→ Aktiv sein

Das von Sielen und Kanälen durchzogene Moorland lässt sich wunderbar per Wasser erkunden. Da die Region platt und berglos ist, können auch weniger sportliche Radler den Drahtesel besteigen. Ein Sandstrand zum Baden im Wattenmeer liegt in Upleward.

→ Anschauen

Die Krummhörn mit ihren historischen Warfendörfern birgt viele kulturelle Highlights. In fast allen der 18 Orte stehen prächtige alte Gotteshäuser, das berühmteste ist die Pilsumer Kreuzkirche aus dem 12. Jahrhundert. Weltruf besitzen zwei Orgeln, eine in Rysum und eine in Groothusen. In Pewsum befindet sich ein herrliches Freilichtmuseum, eine restaurierte Wasserburg aus dem 15. Jahrhundert. Mühlen, Galerien und die typisch ostfriesischen Gulfhäuser komplettieren das Programm. Nur 16 Kilometer entfernt liegt die Seehafenstadt Emden mit zwei bekannten Museen: Im „Otto Huus“ kann man sich an der Ottifantenfamilie erfreuen. Die Kunsthalle, die der ehemalige „Stern“-Herausgeber Henri Nannen gestiftet hat, ist mit Sonderausstellungen und mehr als 300 Dauerexponaten ein besonders schönes Domizil für zeitgenössische Kunst.

Info über die Region:
Fremdenverkehrs-GmbH
Krummhörn-Greetsiel
Tel. 04926/91 88-0
www.greetsiel.de

119

LANDHAUS STEINFELD
Greetsiel

Anreise: siehe S. 115

Kleinbahnstr. 16; 26736 Greetsiel
Telefon 04926/91 81-0
Fax 04926/91 81 46
www.landhaus-steinfeld.de
25 Zimmer, mit Bad/Dusche, WC, Telefon, Sat-TV und Minibar
DZ ab € 135,– inkl. Frühstück
Hallenbad, Sauna, Solarium

→ Zwischen Wiesen und Weiden, etwa 600 Meter vom Hafen entfernt, liegt dieses feine Landhotel. Die Einrichtung des modernen Hauses gibt sich edel-rustikal mit Blümchengardinen und Bauernbarock. Auf der sehr schönen Sonnenterrasse neben dem Japangarten sitzt man direkt am Wasser, kleine Boote paddeln vorbei, nebenan grasen die Kühe und die Koi-Karpfen ziehen ihre Runden. Bei „Schietwetter" kann man immer noch ins hoteleigene Schwimmbad hüpfen oder sich in der Sauna aufheizen. Das Restaurant ist Hotelgästen vorbehalten.

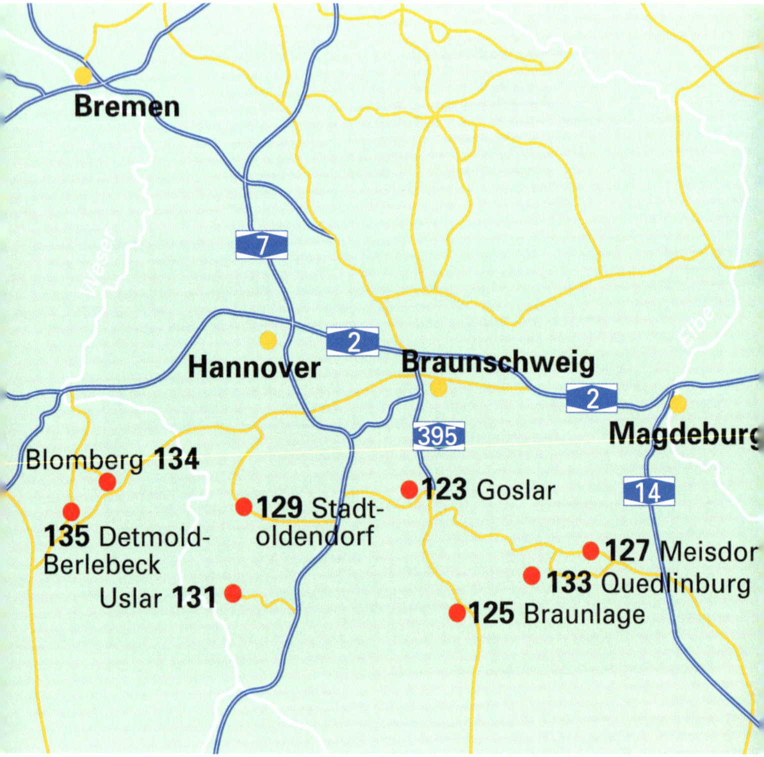

Bei Hexen, Rittern und Lügenbaronen:

FACHWERKIDYLL HARZ UND TEU

→ Burgen und Schlösser thronen auf felsigen Höhen, der Wildbach rauscht, die Mühlen klappern. Auf verwunschenen Waldteichen wachsen Seerosen, Nebel steigt aus mysteriösen Hochmooren empor. Es ist nicht verwunderlich, dass in einer solchen Gegend die Phantasie seltsame Blüten treibt und Geschichten von Hexen, Lügenbaronen und verzauberten Prinzessinnen geboren werden. Die nördlichen Mittelgebirge – Harz und Solling, Weserbergland und Teutoburger Wald – werden jedem Romantik-Klischee von „Good old Germany“ gerecht. Spätestens beim Defilee über Kopfsteinpflaster, vorbei an windschiefen Fachwerkfassaden und knallbunten Holzschnitzereien fragt man sich, ob das alles bloß Kulisse für einen Hollywoodstreifen ist. Angrenzende Neubau-

EN ZWISCHEN
OBURGER WALD

siedlungen rücken die Realität zum Glück schnell wieder zurecht. Die norddeutschen Mittelgebirge sind ideales Revier für Leute, die mal ein Wochenende über Berg und Tal wandern und ein bißchen Historie schnuppern möchten, um dann am Abend in einem gemütlichen Gasthaus mit Deckenbalken und Fachwerk einzukehren. Richtige Luxushotels gibt es kaum, dafür stimmt meistens die Lage. Auch in der Küche werden Traditionen gepflegt – man serviert mit Vorliebe deftige Hausmannskost.

123

DAS BRUSTTUCH
Goslar

Anreise: A 7 Kassel-Hamburg, Abfahrt Rüden B 82 nach Goslar.

Hoher Weg 1; 38640 Goslar
Telefon 05321/34 60-0
Fax 05321/34 60 99
www.treff-hotels.de
13 Zimmer, mit Bad/WC, TV, Telefon
DZ ab € 94,– inkl. Frühstück
Hallenbad

→ Alexander von Humboldt war der Meinung, dass hier die Geschichte des Abendlandes ihren Anfang nahm. Goslar gilt als eine der interessantesten historischen Städte Deutschlands. Etwa 1000 Gebäude stehen unter Denkmalschutz, die UNESCO hat die Altstadt in ihre Liste des Kultur- und Naturerbes der Menschheit aufgenommen. So etwas spricht sich herum. Die tausendjährige Kaiserstadt ist beliebtes Ausflugsziel für Reisebusse. Die

→ **Anschauen**

Der mittelalterliche Marktplatz ist nicht nur Herz der Altstadt, hier befinden sich auch viele gemütliche Restaurants und Straßencafés. Unbedingt angucken: die Domvorhalle am Kaiserbleek, wo sich u.a. der bronzene Kaiserstuhl Heinrich III. befindet; den Huldigungssaal im Rathaus und das Stammhaus der Industriellenfamilie Siemens in der Schreiberstraße. Wer tiefer einsteigen will in die Zeit der Ritter, geht ins „Museum im Zwinger" in der Thomasstraße.

→ **Aktiv sein**

Die schönsten Wanderrouten nahe Goslar führen durchs Ilse-Tal. Bester Ausgangspunkt ist der Schlosspark von Ilsenburg, dann dem mit roten Punkten markierten Weg zu den Paternosterklippen (10 km) oder dem mit roten Dreiecken gekennzeichneten Weg zu den Ilsefällen (13 km) folgen. Auf dem Okerstausee südlich von Goslar tummeln sich Surfer und Ruderer. Am Rammelsberg kann man mit Drachen oder Gleitschirm fliegen lernen (W. Musiol, 05321/88 99).

fahren aber abends weiter, irgendwohin, wo die Übernachtung preisgünstiger ist. Das Hotel „Das Brusttuch" gehört zu den Highlights von Goslar. Reich verziert und mit steilem Giebeldach ist das 480 Jahre alte Patrizierhaus drinnen wie draußen ein Meisterwerk traditioneller niedersächsischer Steinmetz-, Zimmermanns- und Holzschnitzkunst. Das Restaurant beeindruckt mit dunkler Balkendecke und Wandmalereien. Die Gästezimmer in ihrer pastelligen 70er Jahre-Eleganz fallen da stilistisch ein wenig ab. Sie sind aber geräumig und gut ausgestattet. Kurios: Das Hallenbad des Hotels befindet sich oben unterm Spitzdach.

Info über die Region:
Tourist-Information
Telefon 05321/780 60
www.goslar.de

125

HOTEL & RESIDENZ HOHENZOLLERN
Braunlage

Anreise: A 7 HH-Hannover-Göttingen, Abfahrt Derneburg, B 6 über Goslar bis Bad Harzburg, dann B 4 bis Braunlage.

Dr.-Barner-Straße 10-11; 38700 Braunlage
Telefon 05520/93 21-0
Fax 05520/93 21 93
www.residenz-hohenzollern.de
3 DZ, 14 Apartment-Suiten, mit Bad/Dusche, Telefon, Fax, Modem-Anschluss, TV, Minibar, Safe, Fön
DZ ab € 110,– inkl. Frühstück
Hallenbad, Sauna, Solarium, Beautyfarm

→ Der Weg windet sich den sonnigen Hang des Wurmberges hinauf, es geht vorbei an hohen Tannen, sorgfältig angelegten Blumenrabatten, korrekt gestutzten Hecken. Am Ende erwartet den Gast mediterranes Flair auf der Hotelterrasse. Weit reicht der Blick auf das Städtchen Braunlage und die bewaldeten Höhen des Harzes. Die Hotel-Residenz ist ein kleines feines Fünf-Sterne-Haus. 2001 eröffnet, knüpft das im Stil eines Landhauses errichtete Gebäude an alte Traditionen an. Schon früher stand an dieser bevorzugten Stelle ein Hotel. Das Restaurant mit Namen „Victoria Luise“ erinnert an die glorreichen Zeiten

➔ **Anschauen und aktiv sein**

Der Kurort Braunlage grenzt direkt an den Nationalpark Harz. Die gut ausgeschilderten Wanderrouten lassen vom Sonntagnachmittagsspaziergang bis zum ambitionierten Tagesmarsch alle Möglichkeiten offen. Vom Ort führt eine Seilbahn hinauf auf den 971 Meter hohen Wurmberggipfel. Von der Endstation sind es nur wenige Schritte zur legendären Hexentreppe, einer frühgeschichtlichen Kultstätte am Osthang des Berges. Ebenfalls sehenswert: das alte Silberbergwerk Grube Samson in St. Andreasberg, das von Anfang des 16. bis Anfang des 20. Jahrhunderts in Betrieb war. Die Region ist auch ein beliebtes Wintersportgebiet. Shopping-Tipp: Die Glashütte Rolf Wiemer in Clausthal-Zellerfeld (Bonhardtstr. 11) ist bekannt für ihre mundgeblasenen Unikate von der Vase bis zur Leuchte (auch Sa. und So. geöffnet).

Info über die Region:
Kurverwaltung Braunlage
Tel. 05520/930 70
www.braunlage.de

Wilhelms II., als die Herzogin von Braunschweig und Tochter des letzten deutschen Kaisers mit anderen Erlauchtheiten des Hochadels hier zu residieren pflegte. Ganz so elitär geht es zum Glück nicht mehr zu, der demokratische Luxus von heute erstreckt sich auf elegantes Interieur, aufmerksamen Service und großzügige Suiten, alle mit offener Küche und sonnigem Balkon.

Das Restaurant bringt unter Leitung des österreichischen Gourmetvirtuosen Fritz Wimmer Köstlichkeiten wie Butternudeln in Hummerschaum und Ente in Kirschsauce auf den Tisch.

Zweifellos ist das neue Haus von Sabine und Wolfgang Langer ein großer Gewinn: Bei aller Liebe zum mittelalterlich-rustikalen Charme des Harzes tut es doch gut, nach kulturhistorischen Streifzügen in ein helles, zeitgemäßes Ambiente einzukehren, wo schmackhafte Alternativen zu Bratwurst und Kraut serviert werden. Zu dem Hotel gehört ein Wellnessbereich mit Hallenbad, Sauna und Beautyfarm.

127

WALDHOTEL FORSTHAUS
Meisdorf

Anreise: A 7 Hannover–Kassel, Abfahrt Derneburg, B 6 über Wernigerode und Ballenstedt, A 2 Hannover-Berlin, Abfahrt Magdeburg B 81 über Aschersleben.

Allee 4; 06463 Meisdorf im Selketal
Telefon 034743/98-0
Fax 034743/98 222
www.vandervalk.de (s. unter: Parkhotel Schloss Meisdorf)
10 Zimmer, Bad/WC, Telefon, TV
DZ ab € 99,– inkl. Frühstück
Hallenbad, Sauna, Solarium, Tennis, Bowling, Kegeln

→ Ein feines kleines Forsthaus, wunderschön von Wald umgeben, gleich oberhalb der Schlossanlage Meisdorf. Helle, großzügige Gästezimmer, ein feines Restaurant sowie ein Hallenbad mit Sauna und Liegewiese machen das 4 Sterne-Hotel zum idealen Refugium nach der Harzwanderung. Das Forsthaus ist Teil des Hotelkomplexes Park Meisdorf, zu dem auch das herrschaftliche Schlosshotel gehört (s. Foto, DZ ab € 119,– inkl. Frühstück) gehört,

→ Anschauen

Niemals erobert und daher bestens erhalten blieb die zischen dem 12. und 16. Jahrhundert entstandene Burg Falkenstein, die auf einer Bergkuppe über dem Selketal thront. Sie liegt in unmittelbarer Nachbarschaft zum Hotel und beherbergt heute ein Museum für Kultur- und Jagdgeschichte.

Das Fachwerkidyll Quedlinburg knapp 20 Kilometer nordwestlich konkurriert mit Goslar um den Status der schönsten und historisch bedeutendsten Harzgemeinde. Auch hier steht vom Mathildenbrunnen über die Klosterkirche bis zum Schloss fast alles unter Denkmalschutz. Restaurant-Tipp: der „Weinkeller“ gegenüber dem Rathaus. Die gemütliche Gaststube gehört zum Fachwerkhotel „Theophano“, wo man auch sehr hübsch wohnen kann (22 Zimmer,
Tel. 03946/96 30-0,
www.vorharz.de/Theophano).

dessen Einrichtungen auch Forsthausgästen zur Verfügung stehen. Schön ist der 12 Hektar große Park mit altem Baumbestand sowie zahlreichen Open-Air-Attraktionen wie Gartenschach, Gartenbilliard und Wildgehege.

→ Aktiv sein

Auf dem Parkgelände Meisdorf befinden sich Tennis-, Minigolf-, Tischtennis- und Boccia-Anlagen. Ganz in der Nähe liegt ein zu den Hotels gehörender 18-Loch-Golfplatz.

Info über die Region:
Verkehrsverein Aschersleben
Tel. 03473/42 46
www.aschersleben.de

129

VILLA MOSLER-TOPAS
Stadtoldendorf

Anreise: A 7 Kassel–Hamburg, Abfahrt Seesen über die B 64, A 2 Dortmund-Hannover Abfahrt Eilsen B 83 bis Hehlen, dann B 240 nach Stadtoldendorf.

Hoopstraße 2; 37627 Stadtoldendorf
Telefon 05532/50 60
Fax 05532/50 64 00
www.villa-mosler.de
61 Zimmer, mit Bad/WC, TV, Telefon
DZ ab €80,– inkl. Frühstück
Sauna, Solarium, Beautysalon

→ Kommen als Gast, bleiben als König, gehen als Freund – diese Devise hat sich die Villa Mosler-Topas auf ihre Hotelfahnen geschrieben. Abseits der Touristenpfade im beschaulichen Stadtoldendorf gelegen, ist die komfortable Herberge optimaler Standort für Erkundungen im Fachwerk-Märchenland. Das klassizistische Gebäude mit den dreieckigen Giebelfeldern stammt aus dem 19. Jahrhundert. Es wurde durch einen Neubau erweitert und

→ Anschauen

Stadtoldendorf selbst ist ein 700 Jahre altes Städtchen mit teilweise erhaltener Stadtmauer, dem interessant renovierten Leitzenhaus mit Stadtmuseum und grün umwildertem Försterbergturm als Wahrzeichen. Vor den Toren der Stadt steht das sehenswerte ehemalige Zisterzienserkloster Amelungsborn aus dem 12. Jahrhundert. Einbeck, nur ein paar Kilometer entfernt, ist ein Bilderbuchort. Fachwerk reiht sich an Fachwerk, bunte Schnitzfiguren und Ornamente treiben einem vor Rührung die Tränen in die Augen. Schloss Bevern lohnt nicht nur als Sehenswürdigkeit einen Besuch, der prächtige Renaissancebau beherbergt auch ein gutes Restaurant (Restaurant Schloss Bevern, Tel. 05531/87 83, Reservierung angeraten). Eine landschaftlich besonders reizvolle Strecke führt durchs Lennetal über die Wilhelm Raabe-Stadt Eschershausen nach Bodenwerder. Der idyllische Fachwerkort ist die Heimat des Lügenbarons Münchhausen, dem man hier auf Schritt und Tritt begegnet.

verfügt über Beauty-Institut und Saunabereich. Die Zimmer des 4 Sterne-Hotels sind großzügig und behaglich – gediegene Eleganz mit Marmorbad und Ohrensessel. Viel Lob verdient das Restaurant „Topas", sowohl für die Küche als auch für die helle und freundliche Atmosphäre.

Beigesetzt wurde der Märchenerzähler übrigens in der 900 Jahre alten Kemnader Klosterkirche, die man mit einem schönen Spaziergang entlang der Weser erreicht.

→ Aktiv sein

Wer müde ist vom mittelalterlichen Fachwerkidyll, legt einen Wandertag über die grünen Höhenzüge von Ith, Hils oder Vogler ein. Bergsteiger zieht es zu den Ithklippen. Nicht ganz so riskant, doch vergnüglich, ist eine Dampferfahrt auf der Weser.

Info über die Region:
Weserbergland Touristik
Tel. 05571/50 44
www.weserbergland.com

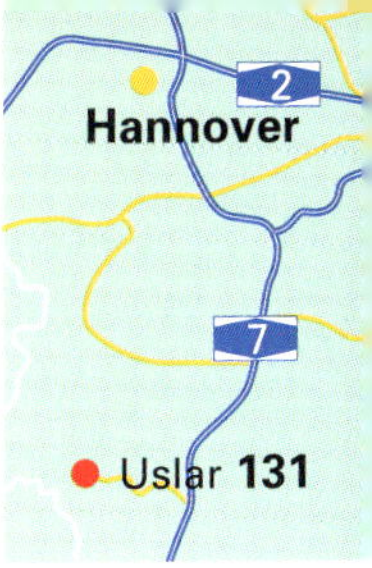

131 ROMANTISCHES HOTEL MENZHAUSEN
Uslar

Anreise: A 7 Kassel–Hannover, Abfahrt Göttingen Nord oder Nörten-Hardenberg Richtung Uslar; A 44 Kassel-Dortmund, Abfahrt Warburg B 241 über Beverungen.

Lange Straße 12; 37170 Uslar
Telefon 05571/92 23-0
Fax 05571/92 23-30
www.hotelmenzhausen.wb3.de
40 Zimmer, mit Bad/Dusche/WC, Fön, TV, Telefon
DZ ab € 80,– inkl. Frühstück
Hallenbad, Fitness-Center, Sauna, Solarium

➔ Am Südrand des Naturparks von Solling und Vogler liegt das Kleinstadtidyll Uslar. Auch hier: Fachwerk im Übermaß. Mitten im Zentrum das Romantische Hotel Menzhausen als eine gut gelungene Verbindung von alt und neu. Zum Stammhaus aus dem 16. Jahrhundert kam die postmoderne Variante eines Renaissance-„Mauerschlösschens" hinzu. Mit Erkern, Dachgauben und viel Glas bildet der Neubau ein lichtdurchflutetes Pendant

→ Anschauen

Hauptattraktion von Uslar ist das 1476 erbaute Rathaus (s. Foto S. 131), dessen Fachwerkbau von einem kupfernen Uhrturm gekrönt wird. Ganz was anderes: der Alaris Schmetterlingspark mit Regenwaldflora und exotischen Flattertieren. Die im 12. Jahrhundert gebaute Klosterkirche im Weserstädtchen Lippoldberg gehört zu den bedeutendsten romanischen Gebäuden Deutschlands. Neuhaus im Nordwesten ist bekannt durch sein Jagdschloss. Shopping-Tipp: Die Porzellanmanufaktur Fürstenberg ist seit 250 Jahren in Fürstenberg an der Weser zu Hause. Im angeschlossenen Museum kann man alte Stücke bewundern, im Geschäft „Porzellan im Schloss" lässt sich auch mal ein Schnäppchen machen.

Außerdem bietet das Haus Seminare im Porzellanmalen an (Tel. 05271/40 11 63). Wer Kunsthandwerk mag, sollte einen Abstecher ins Töpferdorf Fredelsloh machen. Neben Keramik werden hier auch Korbwaren, Schmuck, Glas und Kunstgegenstände gefertigt und verkauft.

zum rustikalen Fachwerk. Vom Badehaus mit Schwimmbecken, Whirlpool und Sauna gelangt man in einen schönen Garten. Eine Brücke führt hinüber in den mittelalterlichen Trakt. Die gemütlichen Restaurantstuben, der Innenhof und der alte Gewölbeweinkeller rufen in Erinnerung, dass man sich an der Deutschen Märchenstraße befindet.

→ Aktiv sein

Der Solling ist ein ideales Terrain für gemäßigt ambitionierte Radler und Wanderer, da es nur sanft bergan geht. Wer die Herausforderung sucht, kraxelt durch den Vogler. Eine ganz spezielle Naturwelt offenbart sich bei einer Wanderung durch das Hochmoor Mecklenbruch bei Silberborn (Parkplatz am Ortseingang). Das Weserbergland von oben erleben kann man bei einem Segelrundflug vom Fluggelände Reitliegenhausen in Uslar.

Info über die Region:
Touristik-Information Uslar
Tel. 05571/922 40
www.uslaer-land.de

133

ROMANTIK HOTEL AM BRÜHL
Quedlinburg

Anreise: A 2 Hannover-Berlin bis AK Braunschweig Nord, dann A 391, dann A 39, AK Braunschweig Süd A 395 nach Wienenburg, B 6/B 6N über Blankenburg nach Quedlinburg; dort Wilpertistraße rechts, Kaiser-Otto-Str. links, dann Billungstr. rechts

Billungstraße 11; 06484 Quedlinburg
Telefon 03946/961 80
Fax 03946/961 82 48
www.hotelambruehl.de
45 Zimmer, 2 Ferienwohnungen; mit Dusch- und Wannenbad, Telefon, TV, Safe; DZ ab € 100,– inkl. Frühstück

➔ Stilvoller kann der Aufenthalt im Weltkulturerbe Quedlinburg nicht sein: Das Hotel ist eines der über 1000 unter Denkmalschutz stehenden Gebäude des mittelalterlichen Städtchens. Unweit des Schlossberges gelegen, bietet sich der schön restaurierte Komplex als idyllischer Ausgangsort für Ausflüge an. Man nächtigt in behaglichen Landhauszimmern, im Foyer knistert das Kaminfeuer, im zauberhaften Innenhof lässt sich die Sonne genießen. Das vom Gault Millau mit einer Kochmütze ausgezeichnete Restaurant „Weinstube" serviert regionale Kost international verfeinert. Derart gestärkt kann man einen Spaziergang durch die „Hölle" wagen – so heißt die Gasse, durch die der örtliche Nachtwächter Gäste auf einen abendlichen Stadtrundgang lockt. Kunstfreunde erfreut Quedlinburg mit der weltweit einzigen Lyonel Feininger-Galerie, wo sich eine der größten Sammlungen des Bauhausmalers befindet.

Info: Tel. 03946/90 56 24-5. www.quedlinburg-info.de

134

BURGHOTEL BLOMBERG
Blomberg

Anreise: A 2 Abfahrt Bad Eilsen B 252 über Rinteln, A 33 Abfahrt Paderborn B 1, A 44 Abfahrt Warburg B 252 über Brakel.

Burg 1; 32825 Blomberg/Lippe
Telefon 05235/50 01-0
Fax 05235/50 01 45
www.hogabe.de
48 Zimmer, mit Bad/Dusche/WC, TV, Telefon, 5 exkl. Themensuiten
DZ ab €130,–, Suite ab €475,– inkl. Frühstücksbüfett
Hallenbad, Sauna, Solarium

→ Romantik für Ritter und Dornröschen: Residieren in der Burg. Das Gebäude ist Teil einer geschlossenen Festungsanlage, ein Stück Weserrenaissance, das zum komfortablen Luxushotel umgebaut wurde. Mit Ritterrüstungen, Kaminbar und Hallenbad. Die Zimmer sind großzügig und behaglich, im Restaurant werden hochwertige Speisen in schönem Ambiente serviert. Wunderbar im Sommer: die Terrasse und das Gartenlokal.

Info über die Region:
Tourismus e.V. Teutoburger Wald
Tel. 0521/329 77 00, www.teutoburgerwald.de

135 ROMANTIK HOTEL HIRSCHSPRUNG
Detmold-Berlebeck

Anreise: A 33 Kassel-Bielefeld, Abfahrt Paderborn-Elsen, B 1 Richtung Detmold, Kohlstädt links Richtung Schlangen. Von Norden A 2 Hannover-Bielefeld, Abfahrt Bielefeld Zentrum, B 66 und B 239 Richtung Detmold, Richtung Freilichtmuseum und Adlerwarte.

Paderborner Str. 212; 32760 Detmold-Berlebeck
Telefon 05231/49 11
Fax 05231/41 72
www.familyaction.de/Kinderfreundliche-Adresse-Nr/0672
17 Zimmer, mit Bad/Dusche und WC, Telefon, TV
DZ ab € 80,– inkl. Frühstück. Betriebsferien: auf Anfrage

→ Das beschauliche Hotel liegt direkt im Teutoburger Wald, etwa sechs Kilometer von Detmold entfernt, ein gemütlicher Fachwerkbau mit steilem Spitzdach, Sprossenfenstern und Kachelofenambiente. Die Zimmer sind rustikal und freundlich, im Restaurant wird verfeinerte regionale Küche serviert. Der „Hirschsprung" ist idealer Startpunkt für Wanderungen zum legendären Hermannsdenkmal sowie zu den Externsteinen, jenen mysteriösen Felsen, die einst für Heiden wie Christen Kultstätten waren.

A

Altes Inselhaus	Spiekeroog	17
Antik Hotel Villa Patricia	Kühlungsborn	48
Arlau Schleuse	Hattstedtermarsch	33
Aselager Mühle	Herzlake-Aselager	108

B

Benen-Diken-Hof	Keitum/Sylt	13
Boschhuis	Ter Apel/NL	107
Burg Schlitz	Hohen Demzin	65
Burghotel Blomberg	Blomberg	134

D

Das Brusttuch	Goslar	123

F

Ferien- und Reit-Sport-Hotel Brunnenhof	Suhlendorf	95
Fürstenhof	Celle	87

G

Garni Hotel Aarnhoog	Keitum/Sylt	11
Golf- und Landhotel Balmer See	Usedom	61
Gutshaus Stellshagen	Stellshagen	47
Gutshaus Stolpe	Stolpe	57

H

Haus Landegge	Haren/Ems	105
Hof am Kolk	Angelbeck	109
Hof Rose	Altenmedingen	83
Hof Tütsberg	Schneverdingen-Heber	89
Hotel-Park Ambiance	Sellin/Rügen	54
Hotel Eichenhof	Worpswede	112
Hotel Fakkelgaarden	Kruså/DK	36
Hotel & Restaurant Genueser Schiff	Hohwacht	27
Hotel & Residenz Hohenzollern	Braunlage	125

Hotel Hohes Haus	Greetsiel	117
Hotel Oasis	Heringsdorf/Usedom	59
Hotel-Restaurant Hof Bucken	Aukrug-Bucken	39
Hotel-Restaurant Witthus	Greetsiel	116
Hotel zur alten Inselkirche	Spiekeroog	16
I		
Ich weiß ein Haus am See ...	Krakow am See	69
J		
Jagdhaus Eiden	Bad Zwischenahn	101
L		
Landgoed Ekenstein	Appingedam/NL	103
Landhaus Börmoos	Steinbergkirche	25
Landhaus Schütt	Quern	26
Landhaus Steinfeld	Greetsiel	119
Landhaus Wachtelhof	Rotenburg/Wümme	93
Landhotel de Weimar	Ludwigslust	67
Landhotel Seelust	Hennstedt	38
N		
NABU-Naturhotel Gut Sunder	Meißendorf	91
O		
Ole Liese	Panker	28
P		
Parkhotel	Prenzlau	79
R		
Restaurant Moby Dick	Munkmarsch/Sylt	12
Restaurant Schloß Bevern	Stadtoldendorf	130
Restaurant-Café Burg Schwalenberg	Blomberg	133
Ringhotel „Speicher" Barth	Barth	52
Romantik Hotel Achterdiek	Juist	18
Romantik Hotel am Brühl	Quedlinburg	133
Romantik Hotel Borchard's Rookhus	Wesenberg	71
Romantik Hotel Hirschsprung	Detmold-Berlebeck	135

Romantik Hotel Historischer Krug	Oeverseee	34
Romantik Hotel Hüttmann	Norddorf/Amrum	14
Romantik Hotel Josthof	Salzhausen	85
Romantik Hotel Namenlos & Fischerwiege	Ahrenshoop	50
Romantik Hotel Waldschlößchen Bösehof	Bad Bederkesa	110
Romantisches Hotel Menzhausen	Uslar	131

S

Schlie-Krog	Sieseby	26
Schloss Hotel Lütgenhof	Dassow	45
Schloss Kittendorf	Kittendorf	73
Schloss Klink	Klink	75
Seehotel Huberhof	Seehausen	79
Sønderho-Kro	Fanø/DK	20
Strauers Hotel am See	Bosau/Plöner See	29

T

Theophano	Quedlinburg	128

V

Villa Mosler-Topas	Stadtoldendorf	129
Vitus	Reinstorf	84

W

Waldhotel Forsthaus	Meisdorf/Selketal	127
Willhöfts Holländische Stube	Friedrichstadt	31
Witthöfts Gästehaus	Wilsede	97

Z

Zur Eiche	Tinnum/Sylt	12

→ REGISTER FREMDENVERKEHRSVEREINE

ORT	TELEFONNUMMER	SEITE
A		
Ahrenshoop: Kurverwaltung	**038220/234**	51
Amrum: Touristik Norddorf	**04682/940 30**	15
Appingedam/NL: Verkehrsbüro	**0031/596/62 03 00**	104
Aschersleben: Verkehrsverein	**03473/42 46**	128
Aukrug: Fremdenverkehrsverein	**04873/902 03**	41
B		
Bad Bederkesa: Kurverwaltung	**04745/94 33-0**	111
Bad Zwischenahn:		
Ammerland Touristik	**04488/560**	102
Barth: Barth-Information	**038231/24 64**	53
Braunlage: Kurverwaltung	**05520/930 70**	126
C		
Celle: Tourismus Celle	**05141/12 12**	88
F		
Fanø Tourismusbüro	**0045/75 16 26 00**	21
Friedrichstadt: Tourist-Information	**04881/93 93-0**	32
G		
Goslar: Tourist-Information	**05321/780 60**	124
H		
Haren: Touristik-Information	**05932/713 13**	107
Hasetal: Erholungsgebiet Hasetal	**05432/59 95 99**	109
Hohwacht: Touristik Information	**01805/90 55-0**	28
Husum: Nordseetourismus (NTS)	**04841/89 75-0**	32
J		
Jütland: Südost: Turistbureau	**0045/73 62 10 10**	37
West: Touristikverband	**0045/75 28 74 00**	21
Juist: Kurverwaltung	**04935/80 90**	19

K

Krakow: Tourist Information	**038457/222 58**	70
Krummhörn-Greetsiel	**04926/91 88-0**	118
Kruså: Turistbureau	**0045/74 67 21 71**	37
Kühlungsborn: Kurverwaltung	**038293/84 90**	49

L

Ludwigslust: Tourismusverband	**03874/66 69 22**	68
Lüneburg: Tourist-Information	**04131/207 66 20**	84
Lüneburger Heide:		
Erlebniswelt Heide	**05191/97 08 29**	90
Verein Naturschutzpark	**05198/98 70 30**	90

M

Mecklenburg-Vorpommern:		
Tourismusbüro Mecklenburgische Schweiz (Malchin)	**03994/29 97 80**	74
Fremdenverkehrsverband Mecklenburgische Seenplatte	**039931/53 80**	72
Mecklenburgische Ostseeküste: Tourismuszentrum (Kröpelin)	**038292/861 00 00**	44
Tourismusverband Mecklenburg-Vorpommern	**0381/40 30 50-0**	66

P

Plön: Tourist-Info	**04522/50 95-0**	30

Q

Quedlinburg: Quedlinburg-Info	**03946/90 56 24-5**	133

R

Rotenburg: Tourismusverband	**04281/95 06 66**	94
Rügen: Touristik Service	**03831/285 70**	56

S

Salzhausen: Verkehrs- / Kulturverein	**04172/90 99 15**	86
Schleswig-Holstein: Touristik-Verein Schleswig-Flensburg	**04621/873 63**	35
Spiekeroog: Kurverwaltung	**04976/919 31 01**	17

Steinbergkirche: Touristikinfo	**04632/84 91 40**	26
Suhlendorf: Verkehrsverein	**05820/346**	96
Sylt Marketing	**04651/820 20**	12
T		
Teutoburger Wald Tourismus e.V.	**0521/32 97 70-0**	134
U		
Uckermark: Tourismusverband	**03987/521 15**	79
Künstlerpfad	**03331/29 80 82**	79
Uelzen: Tourismuskreis	**0581/730 40**	84
Stadt- u. Touristinformation	**0581/80 04 42**	96
Usedom: Tourismusverband	**038375/234 10**	61
Uslar: Touristik-Information	**05571/922 40**	132
W		
Weserbergland: Weserbergland Touristik	**05571/50 44**	130
Winsen/Aller: Touristinfo	**05143/91 22 12**	92
Worpswede: Touristik und Kulturmarketing	**04792/95 01 21**	113

In dieser Reihe sind außerdem lieferbar:

Henning Seehusen
Raus aus der Stadt
Ausflugslokale rund um Hamburg
140 S., ISBN 3-7672-1309-5
„Bei Henning Seehusen geht es immer nur um das eine: die Gaumenfreuden…" Hamburger Abendblatt

Jens Mecklenburg
Schleswig-Holstein für Genießer
Die besten Restaurants und Landgasthöfe
108 S., ISBN 3-7672-1365-6
„Ein nützliches und interessantes Buch für alle, die gern gut essen gehen!" KIEL-Das Stadtmagazin. „Jens Mecklenburg hat hervorragende Adressen im hohen Norden zusammengetragen." ELLE

KLEINE FLUCHTEN IM GANZEN NORDEN

VON LAND & MEER – DEM EINZIGEN ÜBERREGIONALEN URLAUBSMAGAZIN FÜR FERIEN AN NORD- UND OSTSEE

DER NORDEN – DIE NORDSEE & MEER
„mehr als ein Bildband, spannender als ein Reiseführer – mit zum Teil spektakulären Naturaufnahmen..." (dpa)

JETZT NEU: LAND & MEER – macht Lust auf Urlaub. Ausflugs-tipps, Museen, Kinderferien, Fotowettbewerb, spannende Reportagen über den ganzen Norden...

DER NORDEN – DIE NORDSEE & MEER

- Inseln & Meer – Porträts aller Nordseeinseln
- Seezeichen & Leuchttürme
- Tier- & Vogelparadiese – von Möwen bis Robben
- Essen & Trinken – Leckere regionale Küche

DER NORDEN DIE NORDSEE & MEER ist für 19,90 Euro im Buchhandel erhältlich...

LAND & MEER – DAS MAGAZIN

- 18 Urlaubsinseln an Nord- und Ostsee
- Die schönsten Fahrradtouren

LAND & MEER gibt es für 6,20 Euro bundesweit, überall, wo es Zeitschriften gibt...

...oder direkt beim Verlag:
DER NORDEN, DIE NORDSEE & MEER –
Für 19,90 Euro versandkostenfreie Zusendung!
Bei Bestellung des Buches, gibt's auf Wunsch die aktuelle Ausgabe LAND & MEER, das einzige überregionale Urlaubsmagazin für Norddeutschland-Fans, gratis dazu!
Bestellen Sie bei: LAND & MEER Verlag, Neumühlen 46,
22763 Hamburg, Tel.: 040/390 76 81, Fax: 040/390 76 82, mail@landundmeer.de,
mail@landundmeer.de, www.nordseeforum.de, www.ostseeforum.com

LAND & MEER – VERLAG
IHRE SPEZIALISTEN FÜR EINEN SCHÖNEN URLAUB IM NORDEN

All jenen, die zum Gelingen dieses Buches beigetragen haben, sei es durch Anregungen, sei es durch das freundliche Bereitstellen von Bildmaterial, gilt mein herzlicher Dank.
Monika Schiffer

Bibliografische Information Der Deutschen Bibliothek
Die Deutsche Bibliothek verzeichnet diese Publikation in der Deutschen Nationalbibliografie; detaillierte bibliografische Daten sind im Internet über http://dnb.ddb.de abrufbar

Abbildungen:
Titelfoto: Benen-Diken-Hof, Keitum/Sylt
Umschlagrückseite: Brunnen, Burg Schlitz, Hohen Demzin
Titelfoto, S. 13: CountryStyle/Klocke Verlag
S. 43, 54, 56: Jörg Lehmann
S. 52, 53: Ralph Richter
S. 57, 65, 73: Uta Müller
S. 101: Archiv Südliches Ostfriesland
S. 112, 131: Kirmes
S. 114: Jens Joost-Krüger
S. 116, 117, 118: Stromann/SKN Druck und Verlag
S. 125: Fritz
Alle weiteren Abbildungen: mit freundlicher Genehmigung der jeweiligen Hotels und privat

Komplett aktualisierte Neuauflage 2004

Gestaltung: Carsten Best, Hamburg
Karten: Bettina Brauer, Hamburg
Lithografie: Peter Beyer, Hamburg
Gesamtherstellung: Christians Druckerei und Verlag, Hamburg
ISBN 3-7672-1368-0

Printed in Germany